Edition Paashaas Verlag

EPV

Autor: Angelika Christiani
erweiterte Neuauflage Februar 2024
mit vielen zusätzlichen Geschichten
Covermotive: privat
Coverdesign: Michael Frädrich
Lektorat: Manuela Klumpjan

www.verlag-epv.de
ISBN: 978-3-96174-138-0

Die Deutsche Nationalbibliothek verzeichnet diese Publikation in der Deutschen Nationalbibliografie; detaillierte bibliografische Daten sind im Internet über http://dnb.d-nb.de abrufbar.

Du und ich und irgendwas dazwischen

Inhalt

Für dich!

Endlich!!!

Meine Texte sind wie mein Baby, mit dem ich zwei und mehr Jahre schwanger war, es ausgetragen und nun endlich zur Welt gebracht habe. Unter Schmerzen, unter Geschrei und mit viel Kaffee und Wein!

Ich gebe ich sie nun in eure Hände ab. Behandelt sie gut

– *und wenn ihr sie lest, dann denkt an mich!*

Das Leben braucht einen Tritt

Ich weiß nicht, ob es noch zeitgemäß ist, sich über das eigene Schicksal lustig zu machen, sich über die sich weit ausgebreiteten Wechseljahre mit ihrem Für und Wider auszuschütten ... also, eigentlich nur dem Wider; über die eigene schlampige Figur, wie ich immer sage, herzuziehen und über das Liebesleben eben dieser Frau zu berichten ... Vielleicht ist es Zeit, sich mit dem Leben zu versöhnen, das ewige "Mimimi" hinter sich zu lassen. Schließlich sind wir doch erwachsen, da sollten wir uns doch auch dementsprechend benehmen, oder? Wie heißt es so schön: Krönchen richten, weiter machen! Das Leben ist nun mal kein Ponyhof und die Wunden sollten wir gefälligst zu Hause lecken, im Verborgenen.

Aber wo bliebe da der Spaß?

Was 2016 schon stimmte, stimmt 2024 erst recht. Das Leben ist manchmal wunderlich. Älterwerden ist kacke. Single sein ist gar nicht so schlimm, wie man denkt – und manchmal braucht das Leben einen Tritt in den Arsch!

Entschuldigung, ich nenne die Dinge gerne beim Namen!

Zum Beispiel nenne ich meinen Venushügel mittlerweile Venusberg, und ich überlege hin und wieder, für ihn eine eigene Postleitzahl zu beantragen. So ist das nun mal, wenn man nicht nur älter, sondern vor allem breiter wird. Die Dinge lassen sich hängen, mehr als sonst sogar. Die Lachfältchen sind nun Mimikfalten und der Hintern schmunzelt so herrlich, mit seinen vielen kleinen Grübchen ...

Klingt nett – ist es aber nicht! Ich habe mich früher immer über meine Mutter, Gott hab` sie selig, amüsiert. Die Frau mit den drei Hintern … Ich möchte das jetzt nicht näher ausführen …

Genetik ist auch so eine Sache. Früher ging`s nur ums Aussehen! Heute beschäftige ich mich viel öfter mit den Krankheiten, die mir meine Eltern vermacht haben. Im Allgemeinen jammere ich auch viel häufiger. Früher fühlte ich mich zu hässlich, zu dick, zu groß, zu laut, zu ... was weiß ich. Heute werfe ich nur noch einen kurzen Blick in den Spiegel und raune in bester Männermanier „PASST!“, bevor ich das Bad verlasse. Ich kann`s ja eh nicht ändern bzw. ich bin fürs Ändern einfach zu faul geworden. Früher hätte mich der Anblick von Cellulite gleich ins Fitnessstudio getrieben. Heute denke ich mir, die anderen in meinem Alter sehen oft noch schlimmer aus und wer mich nackt sieht, hat es sich schließlich so ausgesucht. Das Jammern hat tatsächlich zugenommen, aber die Versöhnlichkeit mit den vielen Dingen, die mich früher störten, auch. Das ist doch schon mal was, oder?

Wie wichtig mir mein Seelenfrieden ist, wurde mir erst als „Wieder-Single“ bewusst. Nach qualvollen Jahren der Ehe und Jahren der Beziehungen, die folgten, muss ich sagen, Single zu sein ist gar nicht mal so schlecht. Ich kann nicht nur sternförmig in meinem Bett schlafen, zeitweise wohne ich sogar darin. Ich darf darin ungehemmt Chips essen oder frühstücken, ohne dass gleich einer schreit: „Du krümelst das ganze Bett voll.“ Ich habe eh das Gefühl, dass sich die Männer immer mehr zu “Prinzessinnen auf der Erbse“ entwickeln. Mir sind noch nie so viele weichgespülte, jetzt hätte ich fast gesagt, “Herren der Schöpfung“ begegnet, aber das mit der Schöpfung hat sich auch irgendwie überholt. Ich bin zwar ein gläubiger Mensch, zum Glück Protestantin, – so bleibt mir wenigstens die Schöpfungsgeschichte erspart. Ich frage mich seit langem, wie die Kirche den Menschen DAS noch glaubhaft vermitteln will ... in der heutigen Zeit, mit dem heutigen Wissen – und Serien wie “Big, Bang, Theory“...

Der Mensch als Krönung der Schöpfung … Jetzt mal ehrlich: Ich kenne Hunde, die mehr Empathie, Liebe und Treue besitzen als so mancher Mensch.

Nun gut, kommen wir zurück zum Kern: Was 2016 schon stimmte, stimmt 2023 erst recht. Auf meiner inneren Reise hat sich vieles verändert und irgendwie auch nichts. Das Leben ist immer noch spannend und genauso hart wie immer. Ich könnte hier also Schluss machen …

Aber wo bliebe da der ganze Spaß?

E = mc2

Ich bin ja jetzt schon wieder älter geworden und frage mich, wo die Zeit geblieben ist. Jetzt mal ehrlich: Wo ist sie hin? Gerade war sie noch bei mir, dann ich hatte nur mal kurz geblinzelt und schon war sie weg und hat gleich noch meine besten Jahre mitgenommen … Ich könnte der ja jetzt hinterherlaufen, aber dafür bin ich einfach zu faul – und auch nicht mehr die Schnellste. Ich erreiche ja noch nicht einmal mehr eine Straßenbahn, wenn die noch 400 Meter entfernt ist … und die noch an einer roten Ampel warten muss … und die danach im Schritttempo auf die Haltestelle zurollt ...
Ich habe es versucht, jawohl. Ich bin losgerannt … naja, was ich halt darunter verstehe. Ich bin regelrecht gesprintet! Kopf im Nacken, ich konnte gar nicht mehr den Bürgersteig sehen. Das muss dermaßen bekloppt ausgesehen haben ... Dabei hatte ich das Gefühl, ich bin so schnell, dass meine Füße kaum noch den Boden berührten. Ich prustete und prustete und bekam kaum noch Luft. Doch wie ich so rannte und mich nach der Bahn umsah, stellte ich fest, dass ich mich kaum von der Stelle bewegt hatte. Wie konnte das sein? Schließlich war ich ja schon total am Ende ... Nein wirklich: Ich hatte das Gefühl, ich kippe gleich aus den Latschen und verende hier einfach so am Straßenrand. Ich versuchte meine letzten Kräfte zu mobilisieren und gab noch einmal alles. Ich riss mich wirklich zusammen und rannte weiter, immer noch den Kopf im Nacken, während die Augen versuchten, derweil irgendwie den Weg zu erkennen. Das war nicht so einfach in dieser Haltung! Nee, da mussten die Augen schon glubschig aus den Höhlen treten, sonst konnten die nix sehen. Ich hatte derweil das Gefühl, dass Einstein ein Idiot gewesen sein muss: Meine Masse ließ sich ganz und gar nicht in Energie umwandeln. Ganz im Gegenteil, sie schien gerade ein Eigenleben entwickelt zu haben. Sie

schlenkerte so um meinen Körper, dass ich mir wünschte, sie würde mich mit sich reißen. Aber nein, sie war eher der Klotz an meinem Bein. Apropos Bein! Auch wenn man 2 davon hat, ist das kein Garant dafür, damit auch vorwärtszukommen. Ich fühlte, wie sich meine beiden Beine bewegten. Auch gar nicht mal so wenig. Aber entweder hatte ich keine Schrittlänge mehr oder die Haltestelle lag auf dem Gipfel des Himalayas. Herrgottnocheins, wie weit war es noch? Immerhin hatte ich es bei Vollgas schon 300 Meter weit geschafft. Ich dachte an meine Sportlehrerin Frau Goerick. Die hatte es auch irgendwann aufgegeben neben der Tartanbahn herzulaufen und mich motivierend anzuschreien: „Lauf, los, lauf! Du hast doch die langen Beine ..."

Wie gesagt, Beine waren vorhanden und lang waren sie seit jeher. Aber was soll ich sagen … Rennen konnte man mit denen noch nie! Schon als Kind war ich eine sportliche Nullnummer. Das hatten die anderen Kinder sehr schnell erkannt und wählten mich daher immer als Letzte in ihre Teams. Beim Brennball war ich immer die erste, die rausflog. Beim Verstecken fand ich zwar alle sehr schnell, aber ich schaffte es nie, sie rechtzeitig im "Pott abzuklatschen", die anderen waren immer schneller.

Inzwischen hörte ich das Rumpeln der Bahn direkt hinter mir. Ich hatte immer noch gut 100 Meter bis zur Haltestelle. Ich versuchte nicht mehr, meinen Körper zu motivieren, um noch einmal alles zu geben, denn das tat er ja schon. Ich lief sozusagen am Limit. Egal, dachte ich mir, lauf einfach weiter, aufgeben ist jetzt keine Option mehr. Schließlich bist du schon so weit gekommen. Meine Gedanken hämmerten in meinem Kopf, genauso wie mein Herz in meiner Brust. Dann sah ich die Bahn an mir vorüberfahren, sah, wie sie an der Haltestelle anhielt, sah, wie die Leute ausstiegen und neue wieder einstiegen. Ich sah, wie die Bahn die Trittstufen wieder einzog und den Blinker setzte. Währenddessen rannte ich um mein Leben … auch wenn ich immer mehr das Gefühl hatte, dieses gleich auszuhauchen. Nun fuhr die Bahn an, obwohl ich sie fast erreicht hatte ... Ich spürte, wie mir die Tränen in die Augen stiegen vor lauter Wut. Ein paar Meter weiter wurde die Ampel rot, und die Bahn hielt erneut an. Ich konnte es kaum fassen: Der Fahrer öffnete doch tatsächlich noch einmal die Tür für mich, als ich sie denn endlich erreicht hatte. Ich schleppte meinen prustenden, schmerzenden, völlig fertigen Körper in die Bahn. Als ich mein Ticket kaufen wollte, trat das ganze Ausmaß meines Sprintes zu Tage: Sprechen konnte ich nicht mehr, also hechelte ich wie ein Herzinfarktkandidat: „Einmal ein Erwachsener zum Rathaus" – was sich laut aber anhörte wie: „Hhhheein hhhmal…hhhnhhh Ehhhhr Ehhhr wachs hhhner Rhhha hhhthaus."

Ich schämte mich zu Tode. Als ich mich mit dem Ticket in der Hand umdrehte, erfassten mich die mitleidigen Blicke aller Mitfahrer. Es war mucksmäuschenstill. Vermutlich dachten alle, dass ich gleich umfallen würde und jemand von Ihnen wohlmöglich noch eine Herzdruckmassage und Mund-zu-Mund-Beatmung ausüben müsste.

Ich senkte den Blick und verkroch mit auf einen freien Sitz.

Als mein Hirn wieder mit Sauerstoff versorgt wurde, fiel mir ein alter Spruch meiner Mutter ein:

Man läuft niemals Straßenbahnen oder Männern hinterher. Es kommen immer wieder neue!

Befindlichkeiten

Sprechen wir noch einmal über Befindlichkeiten! Im Laufe der Jahre habe ich festgestellt, dass nicht nur wir Frauen uns mit diversen Befindlichkeiten herumschlagen, sondern dass Männer bei diesem Thema aufgeholt haben. Oft denke ich sogar, sie haben uns längst überholt. Dabei geht es schon lange nicht mehr um den Männerschnupfen, eine für sie tödliche Krankheit, wie wir alle wissen… nein, es geht vor allem um Haar-Desaster, Diäten, Wechseljahre, Schönheits-Tipps und sogar um "gewisse Eingriffe". Der Mann von heute steht uns Frauen in nichts nach! Mancher Mann braucht mehr Zeit im Bad, als eine selbsternannte Influencerin – Selfies nicht ausgeschlossen. Und wehe es liegt ein Haar nicht richtig ... Da wird gecremt und gegelt, was die Tube hergibt. Die Selbstkritik der Männer hat Ausmaße erreicht, die eine ganze Branche florieren lässt. Der Schönheitschirurg spuckt sich hämisch in die Hände und zählt die Moneten, die er mit dem zerbrechlichen Männerego macht. Mir sind Männer suspekt, die ständig nur Kalorien zählen, auf Kohlenhydrate verzichten und immer nur missgelaunt durch den Bart knurren. Naja, die Jungs haben eben halt Hunger.

Meine Gesichtsentgleisung muss man sich vorstellen, als ich bei DM von einigen Jahren die erste Tena-Men entdeckt habe. Klar, ich wusste, was es mit der Prostata auf sich hatte, hatte mir aber nie zuvor Gedanken darüber gemacht, wie "Mann" damit umging. Das war doch immer ein Thema gewesen, über das nicht gesprochen wurde. Die kleinen "Lord Valdemorts" unter uns ließen uns in dem Glauben, dass das Tröpfeln ausschließlich ein Frauending sei ...

Hach, was brannte ich innerlich! Es war mein persönlicher Reichsparteitag! Eigentlich finde ich es ganz amüsant, mit den

Klischees zu spielen: wenn z.B. eine Vorgesetzte ihrem Kollegen lüstern auf den Hintern schielt oder ihm hinterherpfeift ... ist das natürlich genauso toxisch – macht aber durchaus mehr Spaß!
Ein bisschen vermisse ich ja schon die bierbäuchigen Tennissocken- und Sandalenträger, die sich selbstherrlich zurücklehnten und über Frauen herzogen. Sie haben Platz gemacht für durchtrainierte, gepflegte Männer – und leider auch für schlampige und miesgelaunte Frauen. Das ist wohl die Kehrseite der Medaille. Der Herrgott gibt uns, und der Herrgott nimmt uns. Im konkreten Fall sieht es wohl so aus, dass das, was die Männer gewonnen haben, den Frauen genommen wurde. Da ist es nur recht und billig, dass den Herren wenigstens die Wechseljahre nicht erspart bleiben – und die oft daraus resultierende "Midlife Crisis". Sollen sie ruhig ihre Frauen nach 30 Jahren verlassen, weil eine jüngere sie an ihre Jugend erinnert, nur um festzustellen, dass es gar nicht lustig ist, mit Mitte Fünfzig noch einmal einem schreienden und kackenden Kleinkind die Windel zu wechseln ...
Wir werden ihnen dann zuwinken, während wir uns noch einmal selbst verwirklichen und endlich das tun, was wir schon immer wollten!

Die Nase voll!

Alles begann in der örtlichen Parfümerie, noch gar nicht so lange her. Ich schlenderte an den Regalen vorbei, war unentschlossen und schnupperte hier und da an kleinen Papierstreifen. Nichts war Hundertprozent, es traf nichts meinen Nerv. Ich war immer unentschlossen … Im Restaurant brauchte ich eine Ewigkeit für die Bestellung. Wenn es um verbindliche Themen ging, versagte ich sogar ganz. Nun stand ich vor den Regalen, die prall gefüllt waren und meine Nase hatte schon jetzt das Gefühl, in einem exotischen Establishment der erotischen Art zu sein. Eigentlich wollte ich mich gerade zum Gehen wenden, als eilig eine Verkäuferin, oder wie wir früher immer sagten, eine "Dieseltante" auf mich zu kam. Nach der Standardbegrüßung kamen wir gleich zum Eingemachten: „Was suchen Sie denn genau?"

Bei dem Wort GENAU musste ich schlucken. Wenn ich genau wüsste, was ich wollte, dann würde ich hier nicht ratlos vor den Regalen stehen, schoss es mir genervt durch den Kopf. Ich lächelte und zuckte einfach mit den Achseln. „Welche Parfüms benutzen Sie denn sonst so?"

Sie versuchte die Auswahl einzuengen, doch ich dachte nur, wenn ich nun wieder ein Parfüm angeboten bekomme, das ich sowieso schon habe oder das fast genauso riecht, dann kann ich auch meine alten, die zu Hause auf mich warteten, benutzen. „Ich versuche mal etwas Neues", antwortete ich deshalb wage und hätte mir am liebsten sofort auf die Zunge gebissen.

„In welche Richtung soll es denn gehen?" Schon begann sie sämtliche Duftrichtungen aufzuzählen: „Blumig, fruchtig, pudrig, würzig, holzig, chypre, sommerlich oder eher orientalisch …?" Sie holte Luft.

Bevor sie weitersprechen konnte, fuhr ich dazwischen: „Ich müsste das mal riechen."
Innerlich schüttelte ich mit dem Kopf. Warum hatte ich das nur gesagt? Nun holte sie noch mehr Papierstreifen, begann wahllos, Düfte darauf zu sprühen und erklärte jeden einzelnen von ihnen. Meine Nase kam gar nicht mehr hinterher und schon nach kurzer Zeit roch ich gar nichts mehr.
„Wissen Sie, ich mag es gerne pudrig, aber auch fruchtig. Ich benutze einfach, was mir gefällt und kombiniere es!" „Aaah, Sie bevorzugen also Layering." Sie lächelte wissend; und man konnte ihr ansehen, dass sie froh war, mich endlich in eine Schublade stecken zu können.
Über meinem Kopf hingegen schwebten plötzlich noch mehr Fragezeichen. „Layer… was?"
Die Dieseltante war jedoch schon völlig in ihrem Element und sagte deshalb nur über die Schulter hinweg: „Sie kombinieren mehrere Düfte."
Ein Fragezeichen weniger über meinem Kopf. „Ach so, Layer…dings… Ja, das habe ich immer schon gemacht." Innerlich schlug ich mir vor den Kopf. Warum hatte sie das nicht gleich gesagt?
Nach gefühlten 100 Düften ging meine Nase in den Streik, und ich verließ das Geschäft ohne ein neues Parfüm, dafür aber mit einer neuen Begrifflichkeit. Zu allem Überfluss empfand ich mich alt und ungelenk. Ich war doch früher die erste, die wusste, was lief, ich war eine echte Trendsetterin. Und heute? Mit den meisten neuen Begriffen, die mir überall entgegenschlagen, kann ich überhaupt nichts anfangen und muss sie erst mal googlen, um sie zu verstehen. So Sachen wie Bleeching und Canceln gehen ja gerade noch so. Ich weiß, was Follower, Memes und Hashtags sind. Aber was zur Hölle ist bitte Woke, CIS, Terf, Intersektion oder Neurodivers? Vom Gendern mal ganz abgesehen. Ich bete zu Gott, dass ich nie in die Verlegenheit komme, mal eine diverse Person

ansprechen zu müssen. Dabei haben sie mein vollstes Verständnis. Jeder sollte so leben, wie er mag. Aber bitte lasst mich auch so leben, wie ich es mag. Ich komme mit der Gendersprache nicht mehr klar.

Ich erinnerte mich an meinen Vater, der bei meiner Musik ewig schrie: „Mach die Hottentotten-Musik aus“ und ärgerlich die Tür zuknallte und wie ich mit den Augen rollte. Er konnte froh sein, dass er das hier nicht mehr miterleben musste. Und während ich so vor mich hindachte, wie sich alles verändert hatte, wurde mir klar, dass ich nun die Generation war, die andere bat, ihre "Hottentotten-Musik“ auszumachen.

Irgendwie wurde es mir warm ums Herz! Ich fühlte mich in diesem Moment meinen Eltern tief verbunden. Endlich sprachen wir die gleiche Sprache!

Die Sache mit dem Dingens

Es ist eine Weile her, da war ich verliebt. In einen bezaubernden Mann, der eine ganze Ecke jünger, sehr groß und einfach attraktiv war. Gleich bei unserer ersten Begegnung schlug es Funken, ich brannte lichterloh. Unsere Unterhaltung floss unkompliziert dahin, und es war eine Wohltat, mit ihm über Gott und die Welt plaudern zu können. Wir stellten sehr schnell fest, dass wir in vielen Dingen ähnlich tickten und auch die gleichen Ziele hatten. Eigentlich hätte ich nicht gedacht, dass ich sein Typ sein könnte, doch er bewies mir sofort das Gegenteil. Der Abend verging viel zu schnell. Nach einem letzten Glas spazierten wir noch ein wenig durch die laue Sommernacht. Keiner von uns wollte so recht nach Hause, wir klammerten uns an das köstliche Gefühl der zarten Bande, die sich gerade zwischen uns entwickelten.
„Komm, ich begleite dich zu deinem Auto", schlug ich vor und widersprach damit jedem Klischee.
„Aber danach bringe ich dich zu deinem", antwortete er lächelnd. Es fühlte sich herrlich an, diese kleine Ränkelei. So schlenderten wir zu seinem Auto, in das ich einstieg und mit dem wir zu meinem fuhren. Ein paar Meter nur, leider!
Unschlüssig standen wir nun vor meiner Autotür, ich drehte den Schlüssel in meiner Hand, keine Lust einzusteigen, keine Lust, den Motor zu starten.
Da zog er mich an sich heran, hob mein Kinn und küsste mich. Ein zarter, hingehauchter, erste-Liebe-Kuss. Ich schmolz dahin und hielt mich zur Sicherheit an ihm fest. So standen wir eine Zeit lang und küssten uns. Die Laterne warf ihr helles Licht auf uns und gab uns eine Art Bühne, auf der wir aber so gar nicht stehen wollten. Widerwillig löste ich mich und stieg ins Auto – und ER stieg dazu. Oh, dachte ich, was passiert denn jetzt hier? Bin ich

nicht zu alt für sowas? Wieder küsste er mich, zog mich näher an sich heran – was nicht so ganz einfach war: Über die Handbremse hinweg, die sich langsam in meine Hüfte bohrte, lag ich halb auf seiner Brust. Tief sog ich den Duft seiner Haut ein und schloss verträumt die Augen. Es war einfach zu schön, um wahr zu sein. Immer weiter zog er mich zu sich heran, so dass ich ihm in einem akrobatischen Akt und schmerzerfüllt sehr nahekam. Sanft streichelte er mein Gesicht und seine Hände glitten an meinem Körper hinab ...

Oh nein! Es fiel mir wie Schuppen aus den Haaren … bitte DA nicht anfassen, dachte ich und versuchte mich wie ein Zitteraal aus seiner Umarmung zu befreien, doch leider zu spät!

„Was ist das?“, fragte er irritiert und strich noch einmal über meine Hüften. Durch den dünnen Stoff meines T-Shirts tastete er nach etwas, das ihm sicherlich befremdlich vorkam – mir aber gerade siedend heiß bewusst wurde. Oooh, liiieber Gott … ich hatte mich doch extra hübsch machen wollen. Wer hätte auch gedacht, dass man sich gleich so dicht kommt? Ich wollte doch nur schlanker aussehen und überhaupt … Meine Gedanken überschlugen sich nun, und auch in der Dunkelheit wusste ich, dass mein Kopf hochrot angelaufen war. Ich spürte sogar das heiße Brennen auf meinen Wangen.

„Trägst du einen Panzer, oder was ist das?“

Ich konnte nicht antworten. Wie sollte ich ihm DAS auch erklären? Mir fiel die Szene aus dem Film “Bridget Jones“ ein: Die hatte bei einem Date so einen “Riesenschlüppi“ an – … ich wünschte mir, ich hätte nur dieses Problem! Denn ich hatte mich in einen “Bauch-quetsch-weg-Schlauch-Dingens“ gequält, der sich ziemlich hart anfühlte. Dieser wurde nun ausgiebig betastet. Ich wandte mich hin und her und versuchte seinen Händen zu entkommen. Aber er hatte nun Spaß daran gefunden und ahnte sicherlich, wie unangenehm es mir war und hielt mich mit aller Kraft fest.

„Nun erzähl schon, was ist das?“, hakte er erneut nach.
„Ich, wollte ... nun ja ... du weißt schon … ich dachte ... also eigentlich ... wer hätte das auch ahnen können?“ Ich stammelte und ritt mich nur noch tiefer rein.
Endlich hatte ich mich befreit und rutschte erleichtert zurück auf meinen Sitz. Mir brach der Schweiß aus. Mist, jetzt hatte ich mir sicher alles versaut. So ein tolles Date, so ein netter Mann, doch was mache ich? Ich zog mir Shapeware der gemeinsten und fiesesten Art an ... Wie bekloppt muss man eigentlich sein? Ich schlug mir mit der Hand vor die Stirn, was mich noch komischer wirken ließ. Aber mein Date nahm es gelassen. Ihm schwante wohl, was hier los war. „Hey, ist doch alles gut“, er legte mir die Hand auf den Arm, „das ist doch alles nur menschlich.“
Ich schaute ihn verschämt wie ein kleines Schulmädchen an. „Mach dir keinen Kopp.“ Damit war das Thema für ihn beendet.
Ich brauchte allerdings noch Tage, bis ich das “Schlauch-Dingens-Drama“ verdaut hatte.
Bei unserem nächsten Treffen hatte ich dann aber was “Nettes mit Spitze“ an!

Alte Zöpfe

Wir kennen sie doch alle, die Freundin einer Freundin, der Folgendes passierte:
Tusnelda, eben jene Freundin einer Freundin, war eine selbstbewusste Frau mittleren Alters, die eine Ehe und einen Nervenzusammenbruch hinter sich hatte. In ihrem Job machte ihr keiner was vor, sie war taff und belesen, weitgereist und sehr eigenständig. Eigentlich hätte sie niemanden gebraucht. Sie wünschte sich aber seit langer Zeit einen Mann, der ihr zur Seite stand, einen, der zu ihr passte. Dafür hatte sie sich Regeln aufgestellt: Der nächste, der kommen würde, sollte alles mögen, was sie selbst so mochte. Quasi in die gleiche Richtung blicken wie sie. Groß und stark sollte er sein und sie so lieben, wie sie nun mal war. Seine Freizeit sollte ihr gehören, genauso wie seine ganze Aufmerksamkeit. Chic sollte er natürlich auch sein, denn sie wollte sich ja mit ihm blicken lassen, ein gepflegtes Äußeres gehörte schließlich dazu; Geld und Bildung nicht zu vergessen. Sie suchte jahrelang nach diesem einen Menschen, der ihr Leben bereichern sollte. Währenddessen wuchs der Frust und mit dem Frust das Gewicht und mit dem Gewicht der Selbsthass und mit dem Selbsthass die Verzweiflung. Irgendwann beschloss sie, ihre Ansprüche herunterzuschrauben – und siehe da, plötzlich gab es jemanden, der sich für sie interessierte. Er war nicht wirklich chic, aber lieb. Er war zwar groß, hatte dafür aber nicht viel Geld. Er war schlau, aber seine Aufmerksamkeit musste sie sich mit anderem teilen. Eigentlich tat er ihr gut! Sie aber begann an ihm herumzukritteln, ihn zu ändern, zu drängen und begann ihn zu manipulieren. Denn plötzlich war ihr alter Anspruch wieder da. Je stärker sie das tat, umso mehr zog er sich von ihr zurück, bis er sie schließlich verließ. Da fiel Tusnelda aus allen Wolken und begann, die Situation zu ana-

lysieren: wie schwach er doch eigentlich gewesen war und sicher auch nicht richtig tickend, eine wie sie bekam er doch nie wieder, ständig hätte er sich nach anderen Frauen umgesehen, war übellaunig gewesen und immer diese Schrappigkeit. Für sie stand fest, dass er an allem Schuld war und dass sie Besseres verdiente. Ihre Freundinnen klopften ihr mitfühlend auf die Schultern und bestärkten sie darin. Irgendwann erfuhr sie, dass er schon eine Neue hatte. Als sie diese dann einmal traf, brach ihre Welt zusammen: die andere war nicht schöner, nicht jünger, nicht dünner als sie, ganz im Gegenteil. Auch machte sie keinen schlaueren Eindruck, aber im Ganzen schien sie glücklicher zu sein.
Als sie die beiden so zusammen sah, wie sie miteinander umgingen und wie sie sich ansahen, fragte sie sich, ob es vielleicht doch an ihr gelegen hatte. Vielleicht war er gar nicht so übel gewesen, wie sie glaubte. Plötzlich vermisste sie ihn. Ihn, von dem sie geglaubt hatte, sie wäre ohne ihn besser dran. Sie schwor sich hoch und heilig, beim nächsten Mal, beim nächsten Mann, würde sie alles besser machen, obwohl alle wussten, dass alte Zöpfe sich nicht so einfach abschneiden lassen.

Familie

Hach, Familie ist doch was Herrliches … zumindest, wenn sie sich nicht gegenseitig die Augen auskratzt. Sie gibt einem das beruhigende Gefühl, nicht alleine auf dieser Welt zu sein. Man kann sich meistens auf sie verlassen, und es gibt zumeist keinen, bei dem keine “Leiche im Keller liegt“, wie man so schön sagt. Ich finde Familientreffen zu Geburtstagen besonders schön, denn dann ist die “bucklige Verwandtschaft“ fast immer gut drauf oder zumindest sehr milde gestimmt. Nach Kaffee und Kuchen wird ein Hoch auf das Geburtstagskind angestimmt und der Alkohol ausgepackt. Dies ist der Zeitpunkt, wo die Chancen fifty-fifty stehen, dass es eskaliert oder richtig lustig wird. Neulich hatte ich Glück, es wurde richtig lustig:

Manchmal kommen bei Familienfesten die seltsamsten Gespräche auf. Hoch im Kurs stehen Themen wie Gesundheit, Politik, Erbrecht und Hausflurreinigung. Das ist bei meiner Familie nicht anders. Nach dem 3. Schnäpschen driften die Gespräche dann oft ein bisschen ab. Ganz plötzlich sind wir bei DEM Thema schlechthin: Wir plaudern ungezwungen über den Familienzuwachs, der immer Verdauungsprobleme hat und dessen Stuhl nun endlich, endlich eine festere Konsistenz aufweist. Sicher wird er bald alleine aufs Töpfchen gehen, sinniert seine Mutter – und schon stecken wir mitten drin, in den urkomischsten Geschichten, die alle beginnen mit: „Weißt du noch …?“

„Weißt du noch, als Onkel Heinz einmal so heftigen Durchfall hatte, dass er beim Spaziergang ins Gebüsch musste… und wie der da anschließend wieder rauskam und dann doch mit dem Taxi nach Hause musste, um sich umzuziehen?!“

Wieherndes Gelächter am Tisch … Prost!

„Oder als er einmal im Urlaub so krank war, dass er vor dem Klo umgefallen ist ..."
Grinsen in der Runde, kein Lachen – noch nicht.
„...und als Tante Gisela ihm aufhelfen wollte, sie ebenfalls ohnmächtig wurde und auf ihn drauffiel?"
Die ersten Tränen zeigen sich in den Augenwinkeln, das Grinsen wird breiter.
„...und wie Mama und Papa durch den Krach wach wurden und ins gemeinsame Bad stürzten? Da bekommt der Ausdruck `Haufen´ doch eine ganz neue Bedeutung."
Prustendes Gelächter! Darauf einen Schnaps.
„Oder Mama damals in Bulgarien am Strand ... wie die plötzlich rennen konnte ... hat ihr an der Hotelrezeption dann aber auch nicht mehr geholfen ..."
„Die alte Schissbuchse", meinte jemand und alles lacht, klopft sich auf die Schenkel – auch Onkel Heinz und Tante Gisela; von peinlicher Berührung keine Spur.
Jeder hat plötzlich eine besondere Geschichte beizutragen, je widerlicher umso besser.
Tja, so ist das halt mit der Familie. Aber mal ganz ehrlich: Über Scheiße kann man sich immer noch am besten unterhalten, nicht wahr?

Halde

Ich habe meine Mutter immer bewundert, besonders für ihre Gelassenheit in den schwierigsten Momenten. Umso mehr haben mich eben jene anderen erstaunt und so oft zum Lachen gebracht. Eine ganz besondere Erinnerung war ein Ausflug auf die Halde Rungenberg in Gelsenkirchen. Die, auf deren Gipfel zwei große Lichtkanonen stehen.
„Was möchtest du auf jeden Fall noch mal machen?“, habe ich sie eines schönen Tages gefragt. In meinen Augen war sie noch immer die rüstige Frau, die gerne reiste, ins Theater ging und für alles Mögliche zu haben war. Aber ich spürte, dass dies nicht mehr lange so bleiben würde. Worauf also warten? Ich musste schon ein bisschen bohren.
Doch dann antwortete sie: „Weißt du was, ich würde gerne mal zu den Lichtkanonen der Halde Rungenberg hoch wandern.“
Gesagt – getan! Es dauerte nur ein paar Tage und schon standen sie und ich mit Hund am Fuße der Halde. Das Wetter war uns hold, so begannen wir unsere Wanderung. Nicht gleich querfeldein nach oben, sondern immer schön den sanft geschwungenen Wegen, die sich langsam nach oben wandten, folgend. Ein herrlicher Nachmittag, mit toller Aussicht. Als wir endlich oben ankamen, setzte unsere Hochstimmung ein – und meine Mutter wurde übermütig. Sie schaute entlang der Halden-Pyramiden hinauf, bis zu den Lichtelemente, die wie Kronen auf ihnen montiert waren.
„Ich möchte ganz rauf“, sagte sie vollkommen ruhig.
„Meinst du wirklich, dass das eine gute Idee ist?“, fragte ich sie nervös. Denn als ich hinaufschaute, zog sich in mir alles zusammen. Meine Höhenangst machte die Sache nicht besser.
„Wenn wir schon so weit gekommen sind, dann will ich auch ganz rauf“, sagte sie bestimmt.

Ich zuckte mit den Achseln, denn wenn sie sich etwas in den Kopf gesetzt hatte, zog sie es auch bis zum bitteren Ende durch. Keuchend kraxelten wir also auf dem schmalen Weg der Pyramide, Stück für Stück nach oben. Der Hund freute sich und lief jeden Weg gleich zweimal, scharwenzelte dabei immer mal wieder zwischen unseren Beinen hindurch, was unseren Aufstieg nicht einfacher machte.

Dann endlich hatten wir den Gipfel erreicht.

Strahlend schaute sie sich um und ließ hier und da ein HACH, HUCH und UUUIII hören.

Ich riskierte nur einen kurzen Blick in die Ferne und wäre dabei fast umgekippt. Mir wurde schwindelig, mein Mund war trocken, mir brach der Schweiß aus. Ich wollte runter … und zwar SOFORT!

„Mama, lass uns gehen, mir geht's nicht gut", jammerte ich. Als sie mir an die Kante folgte, um den Abstieg anzutreten, war`s plötzlich mit ihrer Ausgelassenheit vorbei.

Angsterfüllt griff sie nach meinem Arm. „Das kann ich nicht", sagte sie mit zittriger Stimme.

„Wie, du kannst nicht? Du musst aber", versuchte ich mit fester Stimme zu sagen. Zwei, die Angst hatten, ging hier ja mal gar nicht.

„Nee, nee, nee, ich kann da nicht runter", sagte sie jetzt schon fast hysterisch und schaute mit weit aufgerissen Augen den Weg hinab.

„Aber wir können nicht hier oben bleiben", versuchte ich es nun mit Vernunft.

„Ist mir egal!", schrie sie nun fast.

„Wie, ist mir egal? Du wolltest doch unbedingt hier rauf. Und jetzt müssen wir wieder runter", betonte ich nun fast ärgerlich. Ich vermied es dabei tunlichst den schmalen Grat hinunter zu sehen. Ein wirklich schmaler, schwarzer Trampelpfad. Wieder setzte der

Schwindel ein. Schau bloß nicht in die Ferne, ermahnte ich mich, sonst müssen wir wirklich hier oben bleiben.
„Ich kann nicht“, sagte sie nun bockig und verschränkte die Arme vor der Brust.
„Sag mal, spinnst du?“, entfuhr es mir. „Was soll ich jetzt machen?“
„Ruf die Feuerwehr“, sagte sie mehr zu sich selbst als zu mir – und ich glaube, sie dachte ernsthaft darüber nach.
Nervös ging ich wieder auf den Abhang zu und sah, wie unser Hund voller Freunde den Rückweg schon alleine angetreten hatte. Er lief einfach schnurstracks den Pfad hinab. Es sah so einfach aus. Es nützte ja nichts, wir mussten da runter! Und wenn das selbst der Hund konnte, dann konnten wir das ja wohl auch. Ich drehte mich entschlossen zu ihr um: „Hör zu, ich gehe jetzt voran, du hältst dich an meinen Schultern fest und schaust nur auf meinen Hinterkopf. Nirgendwo anders hin, hörst du?“ Ohne eine Antwort abzuwarten, legte ich ihre Hände auf meine Schultern und nahm all meinen Mut zusammen. Ich trat an die Kante, schaute stur auf den Pfad und dann …
Man sagt ja immer, der erste Schritt ist der Schwerste! Wie recht doch alle haben!

Als wir wieder zu Hause waren und ich alles noch einmal Revue passieren ließ, brach ich in schallendes Gelächter aus. Meine Mutter schaute mich nur verdutzt an und begriff nicht, warum ich so herzhaft lachen musste. Schließlich war SIE immer mein Fels in der Brandung gewesen, ihre Gelassenheit in schwierigen Situationen hat mich durchs Leben gebracht. Dass ich sie eines Tages mal retten musste, und sie dabei “die Hosen gestrichen voll hatte“, hätte ich nie gedacht und das machte mich richtig Stolz!

Midlife-Singles

1.) Das Singleleben ab 50 ist gar nicht so schlecht.
2.) Männer werden im Alter nicht unbedingt interessanter.
3.) Frauen werden jedoch öfters seltsamer, vor allem in Bezug auf ihre Männerwahl.

Mir sind öfter Männer über den Weg gelaufen, bei denen ich mir nicht sicher war, ob sie wirklich erwachsen waren. Klar, jeder Mann möchte den Jungen in sich bewahren.
Aber wer möchte sich schon mit einem "Kindskopf" befassen?. Irgendwann ist auch mal Schluss mit lustig, oder? Gerade als älter werdende Frau möchte ich doch jemand an meiner Seite wissen, der die nötige Ernsthaftigkeit an den Tag legt. Natürlich soll der aber auch Humor haben, denn Frau will ja auch mal lachen – aber man kann wohl doch nicht alles haben, oder?
Aber zurück zu den mir begegneten Männer-Exemplaren. Die meisten wussten einfach nicht, was sie eigentlich wollten: Als Single wollten sie auf jeden Fall nicht alleine bleiben, als Partner wollten sie plötzlich doch mehr alleine sein ...
Ich fragte mich natürlich, ob das an mir lag, kam aber sehr schnell zu der Erkenntnis, dass ich nicht für alles in der Welt verantwortlich war. Vor allem aber beruhigten mich ähnliche Berichte anderer Leidensgenossinnen … puh … Glück gehabt!
Man kann sich sehr schnell einen Schuh anziehen, der einem praktisch aufgedrückt wird, aber nicht passt. Aber was nicht passt, darf auch nicht passend gemacht werden. Weder die imaginären Schuhe, noch die sehr realen Beziehungen.
Hin und wieder gab es Männertypen, die ich als jüngere Frau verschmäht hatte. Nun, als ältere Singlefrau, liefen sie mir erneut über den Weg ... Es gab tatsächlich Momente, wo ich abwog,

ihnen eine Chance zu geben, obwohl alles in mir schrie: „Spinnst du?! Den Typus wolltest du schon früher nicht, warum also jetzt? So einer ändert sich doch NULL!“
Die Einsamkeit in mir ließ mich einfach weghören. Ich versuchte es ein paar Mal und ging zu Dates, die mich kalt ließen und küsste Männer, die ich uninteressant fand. Fast immer kam ich zum selben Schluss: „Frau, hör endlich auf deinen Bauch. Der weiß anscheinend besser über dich Bescheid als du selbst! Schäm dich, ab in die Ecke!“
Dann gab es noch diese Männertypen, die an mir ihre Midlife-Crisis auslebten. Es war immer das Gleiche: Das Haus war bezahlt, die Kinder groß, die Frau ging ihren eigenen Weg, man hatte nichts mehr gemein, hatte sich nichts mehr zu erzählen. Scheidung? Zu teuer ...
Aber was andere Frauen nicht wussten, regte sie schließlich nicht auf – und welche Singlefrau ab einem gewissen Alter (die Bandbreite variiert da enorm) hatte noch Ansprüche zu stellen? Es sollte uns schließlich genügen, ein paar Freizeitbröckchen hingeworfen zu bekommen. Und Sex. Natürlich Sex! – wann ER will, so oft ER will und natürlich wie ER es will. Falls Frau da anderer Meinung ist, ist sie wahlweise prüde, alt oder hässlich. Es gehen auch alle Varianten gleichzeitig. Gerade hat er dich noch umgarnt, eine Minute später fällst du schon durch das Raster.
Meine Erkenntnis daraus: Sobald du eine eigene Meinung hast, unbequem wirst oder Ansprüche stellst, bist du aus allen Spielen raus! Eine sehr bittere Erkenntnis, die mich wieder zu Punkt 1 bringt: Das Singleleben ab 50 ist gar nicht so schlecht – denn du kannst schließlich alles haben, weil: Du hast mittlerweile das Geld, du bist in deinem Leben angekommen, kannst tun und lassen was du willst, ohne Rechenschaft ablegen zu müssen und Sex, natürlich der Sex ... den kannst du immer und überall haben – wenn du nur keine Ansprüche stellst. Aber in diesem Fall geht das in Ordnung. Die müssen wir ja auch nicht immer haben. Manch-

mal reicht es einfach, wenn wir diese an uns selbst stellen. Wenn sie uns besser machen, uns weiterbringen und vor allem, wenn sie uns glücklich machen!

In diesem Sinne: Lasst es krachen, Mädels!

Selbstoptimierung

Neulich habe ich irgendwo gelesen, Frauen ab 50 pfeifen auf die "Selbstoptimierung". Ich weiß jetzt nur nicht, auf welchem Planeten diese Umfrage durchgeführt wurde.

Ich bin ja "ab 50" und habe durchaus das Gefühl, das Optimum aus mir herausholen zu wollen. Ist das nicht gerade die richtige Zeit dafür? Uns wird doch schließlich dauernd gesagt, dass wir Frauen alles haben können. Die Figur, die Karriere, die Männer, das Geld! Außerdem war ich schon immer eine sich pflegende Frau. Warum sollte ich jetzt damit aufhören? Natürlich sind sowohl meine Nägel als auch meine Wimpern falsch! Aber wer behauptet, abgebrochene Fingernägel oder ausdruckslose Augen seien das, wonach Frau streben sollte, gehört für mich mal gründlich überprüft. Zum Glück ist das kein MUSS, wir dürfen aber – und ich will es so! Für jeden ist Selbstoptimierung ja was anderes, was sich auch mit "ab 50" nicht ändert. Warum sollte es auch? Wir hören ja nicht plötzlich auf zu existieren, auch wenn man oft das Gefühl hat, wir hätten die sexuelle Tarnkappe auf. Wenn MANN nur wüsste, was er verpasst. Schließlich konnten wir Jahrzehnte üben, wissen also, was wir tun! Selbstoptimierung hat auch was mit Lust zu tun. Wir wissen jetzt genau, was wir wollen, wie wir es wollen und mit wem. Wir gönnen uns!

Viele Dinge werden einfach besser, weil sie so viel klarer sind als früher. Du kennst den Weg, der früher viel steiniger war. Heute stehst du auf dem Gipfel, den du dir hart erkämpft hast und genießt die herrlichste Aussicht.

Hier aufzuhören macht doch keinen Sinn. Wir dürfen gerne weiter über uns hinauswachsen. Auch wenn wir vielleicht heute dafür eine Lesebrille und Physiotherapie brauchen. Selbstoptimierung ist alterslos. Wir dürfen immer die beste Version unseres Selbst sein!

Muss das denn sein?

Uns Frauen wird ja öfter nachgesagt, wir hätten so unsere "Befindlichkeiten". Welche Frau hat das noch nicht gehört, wenn wir mal nicht so gut drauf sind: „Ach, haste wieder deine Tage?"
Neulich erzählte ein Arbeitskollege, dass er in einer dieser einschlägigen TV-Shows „auch so eine Alte" gesehen hätte. „Die war schon 45 und wollte noch ein Kind!"
Ich klebte noch an "AUCH so eine Alte", und hätte ihn am liebsten gefragt, ob er eigentlich morgens vergessen hätte, in den Spiegel zu schauen, denn wenn man im Glashaus sitzt ...
Oder der Bekannte, der mir hämisch grinsend ein „Na dir schmeckt es wohl" reindrückte und mich dabei von oben bis unten taxierte.
Ihm habe ich entgegnet: „Tja, was ich auf den Hüften zu viel habe, hast du hier oben (dabei rieb ich mit der flachen Hand über meinen Kopf) zu wenig." Er durfte sich aussuchen, ob ich sein spärliches Haupthaar oder seinen mangelnden Intellekt meinte.
Ich hasse den Ausspruch "Frauen und Technik", denn ich kenne viele Männer, die nicht mal eine Mikrowelle bedienen können.
Und was soll das eigentlich mit der ganzen Frauenparkerei? Ich komme in die kleinste Parklücke und das sogar rückwärts.
Ich bin blond, sogar im Herzen, und habe mein Leben trotzdem auf die Reihe gekriegt. Wie viele Männer hampeln immer noch rum und kommen zu nichts?

Aber mal ganz ehrlich, muss das denn sein?
Was soll der Scheiß?
Haben wir nicht andere Probleme?
Herrgott noch eins ... ja, wir Frauen bekommen nun mal unsere Tage. Nicht jede von uns flippt deswegen gleich aus! Auch wenn

uns die Krämpfe manches Mal in die Knie zwingen und wir uns bei weitem etwas Schöneres vorstellen könnten. Wenn ein Mann DAS durchmachen müsste … aber lassen wir das. Die bekommen ja auch keine Kinder und DABEI hat der liebe Gott sich sicher was gedacht.

Ja, wir werden älter – aber unsere Wünsche oft nicht.
Wir können uns das Leben gegenseitig schwer machen, aber es führt zu nichts. Es ist egal, ob wir alt, dick oder hässlich werden, denn für alles gibt es ein passendes Auge! Eines, das uns sieht, wie wir wirklich sind, was uns ausmacht, stark macht und das uns dafür liebt. Denn JEDER will geliebt werden – sogar Männer!

Puls

Ich bin zuweilen eine rasende Frau. Es gab Momente, da wollte ich fremden Frauen an den Haaren ziehen, weil sie mit meinem Mann flirteten; und ich trat selbigem für verstohlene Blicke, die nicht mir galten, mal mit meinem Pfennigabsatz auf den Mittelfuß – ganz aus Versehen versteht sich ...

Ich stand mal in einem Flugzeuggang und pöbelte mitreisende Menschen an, weil sie sich nicht für mich umsetzen wollten und schämte mich nachher am Hotelbuffet, wenn ich ihnen dort wieder begegnete.

Immer schoss mein Blutdruck in die Höhe, so dass ich das Gefühl hatte, gleich einen Herzinfarkt zu bekommen. Wie oft schwor ich mir: Reg dich doch nicht so auf, du bist doch mittlerweile viel zu alt für den Scheiß ... Ach ja, wenn das nur immer so einfach ginge!

Neulich war ich mit meinem sehr lieben Freund und einer Bekannten unterwegs nach Düsseldorf zum Kabarettabend! Ich freute mich seit Wochen auf einen amüsanten Abend, mit Essengehen, gutem Wein und einem humorigen Ausklang.

Leider war ich anscheinend die Einzige, die völlig entspannt dem Abend entgegensah. Am Treffpunkt angekommen, wirkte unser Fahrer, mein lieber Freund, etwas angespannt, was ich gut verstehen konnte, denn wer fuhr schon gerne im Feierabendverkehr in die Düsseldorfer Innenstadt? Ich war ehrlich froh, dass ich Beifahrerin sein durfte und beneidete ihn kein bisschen, dass er sich nun durch den Verkehr quälen musste. Ich versuchte ihn abzulenken und plauderte während der Fahrt munter auf ihn ein. Das kam irgendwie nicht so gut an.

Die meiste Zeit versuchte er mich schlichtweg zu ignorieren. Nur hin und wieder entfuhr ihm ein kleiner, genervter Seufzer. Ich gab

auf und übte mich im Schweigen, was ja nun wirklich nicht mein Ding ist.
In die Stille des Autos konnte ich bereits seinen Blutdruck, der mehr und mehr zu steigen schien, hören. Misstrauisch beäugte ich ihn von der Seite, was ihn nur noch mehr aus der Ruhe brachte.
„Was kuckst du so?“, raunte er verkniffen.
Ich zuckte mit den Achseln und schaute angestrengt hinaus, auf die dahinrasende Landschaft.
Der erste Stau: stöhnen von links, fester Griff ums Lenkrad – und ich hörte seinen Blutdruck lauter blubbern. Die Kolonne vor uns schob sich langsam auf Düsseldorf zu. Ich wusste, dass die Autobahn gleich enden und der richtig fiese Stau damit begann.
Wieder lugte ich vorsichtig zu ihm rüber: blubber, blubber, blubber ... der Blutdruck schien seine Arterien vibrieren zu lassen. Ich sah eine besonders leuchtend Blaue an seinem Hals auftauchen ... blubber, blubber ... Ich schaute hilfesuchend in den Fond des Wagens, doch von der Bekannten kam nur ein Augenrollen. Na toll ... Autos vor und neben uns begannen sich in die Schlange reinzudrängeln. So fuhren wir im ewigen „Stopp and Go“ Richtung Innenstadt.
Ein Blick in Richtung unseres Fahrers, und ich entdeckte neben mehreren hervorgetretenen Arterien nun auch noch einige rote Flecken auf seiner Haut. Ein besonders Großer auf seiner Wange sah irgendwie aus wie Italien. Ich sagte nichts und versuchte weiterhin den Blick nach außen zu wenden.
Langsam bekam ich es mit der Angst zu tun.
Was, wenn er nun gleich einen Herzinfarkt bekommen würde … ohje, während der Fahrt … und wir dann mittendrin im Geschehen ... Ich konnte nicht anders, ich musste ihn einfach beobachten. Ich schaute auf die pochenden blauen Linien, hörte auf das “Geblubber“, das von ihnen auszugehen schien, schaute auf den mittlerweile knetenden Griff ums Lenkrad und die schwitzige Stirn, die in der Abendsonne glitzerte. Sein Hemd hatte mittlerweile

stellenweise eine andere Farbe angenommen. Ich versuchte erneut ein besonders beruhigendes Gespräch anzuzetteln und wendete mich auch gleich noch einmal an die hinten sitzende Bekannte: „Freut ihr euch auch schon so auf den Abend? Ich war ja schon so lange nicht mehr aus, Corona …“

„Pssst“, zischte er mich an!

Ach du meine Güte, der Infarkt war wirklich nicht mehr weit entfernt. „Entschuldige …“, zu mehr kam ich nicht.

„Sei doch einfach mal still, ich muss mich hier voll konzentrieren.“

So kannte ich ihn gar nicht, ich wagte jedoch nicht mit dem Kopf zu schütteln, schließlich wollte ich ihn ja nicht noch mehr reizen. Blubb-blubber ...

Wir näherten uns dem Ziel. Nun begann er neben dem hektischen Schalten der Gänge, dem hastigen Gas geben und Bremsen, was uns richtig durchschüttelte, auch noch verzweifelt den Kopf in alle Richtungen zu drehen, gefolgt von ärgerlichem Gemurmel: „WO WAR DAS PARKHAUS NOCHMAL?“

Nun wurden wir alle aktiv und jeder zeigte in eine andere Richtung, gefolgt von lauten Ausrufen wie: DA! DORT! SCHAU! – was nicht gerade zur Begeisterung oder zum Wohlsein unseres Fahrers beitrug. Er fasste sich selbst öfters an die Kehle, rieb sich den Schweiß von der Stirn, die gar nicht mehr aufhörte sich zu runzeln ...

Der Arme! Endlich fuhr er ins Parkhaus – und ich atmete erleichtert auf. Jetzt hatten wir es doch noch heile geschafft.

Als wir jedoch auf die Straße traten, verpuffte das Gefühl.

Nachdem er sich kurz orientiert hatte, stieß er einen leisen Fluch aus. „VERDAMMT NOCH MAL, wo sind wir hier ...?“

„Ähm, ich dachte, du kennst den Weg.“

Hätte ich das doch lieber nicht gesagt. Wenn Blicke hätten töten können, wäre dies der Zeitpunkt gewesen, wo ich blutend auf einem Düsseldorfer Bürgersteig verendet wäre. Ich senkte den

Blick und versuchte mich unsichtbar zu machen. Doch wer mich kennt, weiß, dass das schier unmöglich ist.
Wütend marschierte er los.
Ich flüsterte der Bekannten zu, wo er denn nun hinwollte? Schließlich kannte er ja den Weg anscheinend nicht. Schneller und schneller rannte er voraus, was uns Frauen ziemlich alt aussehen ließ. Nun trat UNS der Schweiß auf Stirn. Zwei etwas betagte und füllige Frauen wie wir konnten nun mal nicht so schnell. Woher mein lieber Freund plötzlich die Sportlichkeit nahm, war mir schleierhaft.

Nach 500 Metern gab ich auf. Sollte er doch rennen, ich musste an meinen eigenen Blutdruck denken. Gerade überschritt er die Ampel und hastete davon, während wir keuchend und fluchend versuchten, hinterherzukommen. Weg war er! Meine Stimmung sank auf den Nullpunkt! Was hätte das für ein schöner Abend werden können. Nun standen wir ratlos mitten in einer fremden Stadt, wussten nicht wohin, hatten unseren Fahrer verloren und klangen wie zwei Dampfloks. Nee, bei aller Liebe nicht, das war mir dann doch zu viel.
„Ich bleibe jetzt hier stehen, der wird uns schon einsammeln, oder meinst du, der geht ohne uns ins Theater?“
Die Bekannte zuckte genervt mit den Achseln. Nicht gerade eine beruhigende Geste.
Plötzlich tauchte er wieder auf, rannte schnurstracks auf uns zu und … an uns vorbei, so als würden wir nicht hier stehen und auf ihn warten.
„Hallo? Wo willst du denn hin? Wollen wir nicht mal nach dem Weg fragen?“
Über die Schulter meckerte er: „Alle, die hier unterwegs sind, sind fremd oder Touristen, glaub mir, hier kennt keiner den Weg.“
Was für ein Blödsinn, dachte ich, pah, selbst ist die Frau und so sprach ich den ersten Passanten an ...

„Sorry, ich bin nicht von hier.“
WHAT?
Dann den zweiten, der mich erst gar nicht verstand!
„Excuse me“ und Schulterzucken.
AHA!
Es konnte noch nicht jeder fremd in dieser Stadt sein ... Ich meine DÜS-SEL-DORF, nicht New York!
Nach dem dritten Passanten, der ebenfalls abwehrte, gab ich auf. Er hatte doch tatsächlich recht! In Düsseldorf gab es anscheinend nur Menschen, die zu Besuch waren. Endlich wartete mein lieber Freund an einer Ecke – ob er bereits aufgeben hatte oder nur zu fertig war, konnte ich von Weitem nicht ausmachen. Sein Gesicht sprach eine ganze Enzyklopädie. Als wir ihn erreichten, machte ich einen weiteren Fehler, ich sagte leichthin: „Wir könnten ja mal in ein Geschäft gehen und nach dem Weg fragen. Ich meine, DIE sind doch von hier.“
Als ich es ausgesprochen hatte, dachte ich im nächsten Moment, er würde mich totschlagen. Ich glaube echten Hass in seinen Augen gesehen zu haben und sein Blutdruck schien gerade Purzelbäume zu schlagen.-Wenn es mir möglich gewesen wäre, hätte ich ihm Blutdruckpillen wie TicTacs verabreicht. Wortlos marschierte er voran, aber seine Haltung war steif und grantig. Auch ohne Worte ahnte ich, was in ihm vorging.
„Ich habe Hunger, wann gehen wir endlich was essen?“, flüsterte ich der Bekannten zu.
Sie legte den Finger auf den Mund und schüttelte heftig mit dem Kopf. Ich verstand und schwieg. Irgendwann und irgendwie fanden wir das Theater und sogar ein Restaurant.
„Ein Glück“, floss es aus mir heraus. Ich entspannte mich auf der Stelle.
Endlich betraten wir das Restaurant. Ich meinte sogar ein Lächeln auf seinem Gesicht entdeckt zu haben – ein Lächeln, das ihm nach

nur 3 Minuten im Halse stecken blieb, als wir nach den Speisekarten fragten.
„Nee, sowas haben wir hier nicht“, der Kellner verwies auf einen hölzernen Aufsteller auf dem Tisch, der einen eingebrannten QR-Code zeigte, „das geht nur per QR-Code.“
Ich zuckte zusammen, riss die Augen auf, starrte angsterfüllt meinen lieben Freund an. Sein Kopf war hochrot, und ich dachte, dass er gleich wie eine Bombe platzen würde. Auf seiner sichtbaren Haut hatten sich mittlerweile dunkelrote Flecken so groß wie Alaska breit gemacht.
Schnell versuchte ich die Situation zu entschärfen: „Guter Mann, sie werden doch wohl eine Speisekarte haben, hat ja nicht jeder ein Smartphone, nicht wahr?“
Er lächelte: „Aber natürlich, die gibt es allerdings nur in Englisch.“
Aus den Augenwinkeln sah ich meinen lieben Freund innerlich explodieren und seine Stimme überschlug sich, als er dem Kellner einen Vortrag hielt, über Restaurants in Deutschland, dem Graus der Technik, den alterndem Menschen und dem Blödsinn von QR-Codes.
Behutsam legte ich meine Hand auf seinem Arm und sagte dem Kellner: „Bringen Sie doch bitte 3 große Gläser Rotwein fürs Erste, dafür brauchen wir keine Speisekarte ...“

Ich sag ja immer: Rotwein ist gut für die Gesundheit … vor allem gut gegen zu hohen Blutdruck.

Saunanacht

Ich komme langsam in das Alter, wo einem bereits beim Aufwachen alles weh tut. Früher habe ich immer mit den Augen gerollt, wenn Leute über ihre Krankheiten und Wehwehchen erzählten. Du meine Güte, gibt es denn nichts Schöneres zu berichten?
Heute bin ich diejenige, die sich stöhnend und ächzend aus dem Bett quält! Ich brauche allein eine halbe Stunde, bis ich komplett wach bin. Eine weitere Viertelstunde, um meine Gliedmaßen zu sortieren und diese zum Aufstehen zu überreden. Nach dem Duschen dann wenigsten 30 Minuten in die Maske, ein unschöner Begriff, den mir letztens jemand beibrachte. Und dabei jammerte ich leise vor mich hin. (Es gibt Tage, da kann ich mich selbst nicht ertragen, mit diesem innerlichen Gejaule).
Seit längerem versuche ich dem entgegenzuwirken und mache Wellness so oft es geht. Das ist nicht nur für den Körper gut, sondern vor allem für die Seele.
Sicher, ich bin älter geworden, aber eigentlich stehe ich zu meinen Falten. Denn sie sind schließlich Zeugen eines aufregenden Lebens. Auch mit meinen Polstern habe ich so eine Art Frieden geschlossen. Ab und zu rumort es zwar in meinem Gemüt, das sich gegen die Pfunde auflehnen möchte, aber es wird dann schnell mit Schokolade und Pizza zum Schweigen gebracht. Ich würde sagen, ich lebe mit dem Übergewicht in einer heimeligen Co-Existenz. Alles ist gut – bis ich in die Sauna gehe ... Dort, wo man wirklich nichts mehr verstecken kann, wo man sich zur Schau stellt, fühle ich mich nur noch unter Frauen einigermaßen wohl. Das dachte ich zumindest, als ich letztens bei einer „Ladys-Sauna-Nacht“ war. Cool! Ein ganzes Wellness-Areal nur für uns Frauen, ohne geifernde und abschätzende Blicke der Herren. Wir konnten es uns mit Sekt und Gesichtscremes im Pool gemütlich machen oder

uns richtig ausschwitzen und uns dann, eingemummelt in einem flauschigen Bademantel, vom Alltagsstress erholen. So der Plan! Aber ich und mein alter Körper sollten eines Besseren belehrt werden.

Meine Freundin und ich waren pünktlich vor Ort. Es warteten bereits einige erholungsbedürftige Damen vor der Tür. Och, dachte ich mir, das wird ja herrlich, wenn es nicht so voll ist. Ein Blick auf den restlos gefüllten Parkplatz hätte sich vermutlich gelohnt. So schlenderten wir ahnungslos zur Garderobe und wunderten uns, dass es kaum noch freie Schränke gab. Na, vielleicht hatte die Geschäftsführung nur die Hälfte für diesen Abend geöffnet, das sparte sicher Aufräumzeit. Immer noch frohen Mutes und mittlerweile in unsere Bademäntel gehüllt, betraten wir den Wellnesstempel, nur, um von einer Geräuschkulisse wie im Gucci-Outlet-Schlussverkauf am Black Friday überrascht zu werden. Vor uns drängelten sich ungefähr zweihundert, teils nackte, kreischende und quiekende Frauen und geiferten nach dem kostenlosen Sekt, der gereicht wurde. Ich und meine vollen 180 cm wichen erschrocken zurück. Es bot sich mir ein Bild des Schreckens, das mich irgendwie an ein „Viehtreiben zum Schlachthof“ erinnerte. Die Frauen drängelten, schoben sich um eine kleine Theke und versuchten eines der vielen kleinen Plastik-Pinnchen von einem Tablett zu ergattern, die mit Sekt gefüllt waren. Es war einfach lächerlich! Wir versuchten die Meute zu umschiffen und schoben uns durch die Menge – zum ersten Aufguss in eine der Saunen, die noch einigermaßen leer war. Nachdem wir die Sauna betreten hatten, wurde es in Nano-Sekunden brechend voll. Ich konnte das echt nicht glauben ... Woher kamen all die Weiber plötzlich? Wir bahnten uns einen schmalen Weg durch „Fleischberge“ zu einer winzigen Nische auf der obersten Sitzbank und quetschten uns zwischen schwitzige Körper.

Ich verzog so angewidert das Gesicht, dass meine Freundin mich sanft in die Rippen stieß: „Guck nicht so!“

Also gute Miene zum bösen Spiel.
Der Aufguss begann, und ich hatte schlagartig das Gefühl zu verdampfen. Die Menschenmasse, die heiße Luft, die uns zugefächelt wurde, der Geruch … Mir wurde schwindelig. Also, nix wie raus aus der Bude – was ehrlich gesagt leichter klang, als es tatsächlich war. Erst schlug ich mir den Kopf an der Holzdecke an (wie schnell man doch vergessen konnte, ganz oben gesessen zu haben). Dann rutschte ich fast über fremde Frauenkörper ... Kein schöner Anblick, weder für mich noch für andere. Ich stellte fest, dass es immer schlimmer geht, was mich ein bisschen mit der Situation versöhnte. Auch wenn ich kein Gaffer bin, hatte ich keine Chance, irgendetwas anderes als Cellulite, Speck, Narben und Schlimmeres zu sehen. Ich brauchte Alkohol, sonst würde das nix mit dem Relaxen. Wie gut, dass wir für uns vorgesorgt hatten. Das Ploppen des Korkens stimmte mich gleich fröhlicher. Und wie herrlich trinkt es sich in einem badewannenwasserwarmen Pool. Wir dümpelten so eine Weile vor uns hin, bis es auch hier voller und voller wurde und mich das Ganze plötzlich an eine „menschliche Fleischsuppe“ erinnerte. Angewidert zogen wir von dannen.
Eine Gesichtsmaske wirkt doch oft Wunder, dachten wir, also nix wie rein in die Bademäntel und auf zum Salben und Schmieren. Meine Freundin setzte sich eine Tuchmaske auf, was sie gleich wie Michael Myers aussehen ließ und versuchte damit durch die Menschenmenge zu einer freien Liege zu gelangen. Sie kam ganze 5 Meter weit, bevor sie gegen die erste Truppe rannte. Man sieht so schlecht durch diese vorausgestanzten Sehschlitze. Ich musste lachen – es war der reinste Galgenhumor.
Endlich fanden wir ein freies Plätzchen und chillten eine Runde, bis es plötzlich unruhig um uns herum wurde. Es wurden kostenlose Fruchtspieße mit 3 Weintrauben und einer halben unreifen Erdbeere gereicht. Was sich uns dann bot, das habt ihr noch nicht gesehen – ich übrigens auch nicht. Die Weiber schlugen fast Ha-

ken, um an die verflixten Fruchtspieße zu kommen. Wir schauten fassungslos zu, und ich stöhnte leise auf, denn ich wollte mich erholen und hatte Ruhe dringend nötig. Aber daran war nicht mehr zu denken, also auf zur nächsten Saunarunde ... Frauen können echt ätzend und vor allem echte Schlampen sein!

Wir gelangten zur nächsten Sauna nur über ein Meer aus Badelatschen, das sich vor der Eingangstür erstreckte. Wütend kickte ich einige einfach wie Fußbälle zur Seite und wartete nur darauf, dass sich jemand beschwerte. Genervt riss ich die Tür auf und schlitterte auf einer öligen Spur aus – Haar- und Gesichtsmaskencreme– auf eine sehr beleibte Frau zu, die versuchte, mich mit ihren massigen Beinen abzuwehren. Ich, verzweifelt nach Halt suchend, fasste hektisch um mich und streifte dabei irgendetwas Weiches. Ich betete zum lieben Gott, dass ich keine „neuralgische Stelle“ erwischt hatte. Wenn ich nicht aufgrund der Hitze schon hochrot im Gesicht gewesen wäre, wäre mein Schädel vermutlich jetzt vor Röte explodiert.

DAS WARS! Ich hörte buchstäblich, wie sich mein Geduldsfaden aufribbelte und pfeifend verabschiedete ...

Ich sah zu meiner Freundin und nickte mit dem Kopf zur Tür. Fluchtartig verließen wir das Etablissement. Als wir im Taxi saßen, dachte ich so bei mir, dass man ab einem gewissen Alter vielleicht wirklich nicht mehr jeden Scheiß braucht – und wenn ich nicht schon so alt wäre, hätte ich vermutlich bei dem Satz mit den Augen gerollt!

Du und ich und irgendwas dazwischen

Als wir nur so zusammen waren, damals vor zig Jahren, da fühlte sich unsere Zweisamkeit viel leichter an. Heute, nachdem wir geheiratet haben, vor ein paar Jahren, ist alles irgendwie schwer geworden. Das fühlt sich manchmal echt so an, als würde eine zentnerschwere Last auf uns liegen und uns die Luft abschnüren. Manchmal, da wünschte ich mir, wir wären einfach nur wieder DU und ICH.

DU, dem die Locken in die Stirn fallen, mit deinen Bundfalten-Jeans und deinem Studentencharme. Dem noch wichtig ist, was ich zu sagen habe, und der immer über meine Witze lacht. Der Samstagmittag auf der Couch liegt und seine Arme nach mir ausstreckt. Der stundenlang kuschelt und mit mir laaange Gespräche in der Badewanne führt. Der mir die Welt erklärt, der mich kitzelt, bis mir die Tränen laufen. Der bei traurigen Filmen weint und nicht verstohlen zur Seite schaut, um sie abzuwischen. Der mit mir tanzt, egal wie komisch er dabei aussieht. Der mir die Haare beim Kotzen hält und mich danach trotzdem noch küsst.
DU, mit dem ich abends einschlafe und morgens aufwache und dazwischen ist nur ein WIR.

ICH, die sich noch die Mühe macht mit allem. Der es noch wichtig ist, wie DU über mich denkst. Die hören will, was DU zu sagen hast. Deren Charme du erliegst. ICH, die mit dir noch die Welt verbessern will und die mit dir in die Zukunft blickt. Die, mit der du Samstagmittag auf der Couch liegst, stundenlang kuschelst und mit der DU laaange Gespräche in der Badewanne führst. ICH, die immer in deiner Nähe sein will, kein Nein akzeptiert. Die mit dir einschlafen und aufwachen will. Und dazwischen gibt es nur ein WIR.

Unser Leben war irgendwie DU und ICH und dazwischen gab es nur ein WIR. Ich würde gerne wieder dahin zurück, auch wenn ich weiß, dass es nicht geht. Unser WIR, das gibt es nicht mehr. Wir sind heute leider wirklich nur noch DU und ICH!

Mein Nachbar, meine Mutter und ich

Ich liebe meine Nachbarn, ganz bestimmt. Die sind alle furchtbar nett und lieb und hilfsbereit. Bei uns gibt es nie Streit oder Gemecker. Wir sind uns eigentlich ganz grün oder gehen uns einfach nur aus dem Weg. Reicht ja, wenn man sich im Hausflur freundlich einen „Guten Morgen“ wünscht. Das muss ja nicht immer in der ganzen Lebensgeschichte ausufern.
So, wie bei meiner Mutter ...
Also, wenn die jemanden im Flur trifft, dann hat der Pech gehabt. Der muss dann herhalten für so Gespräche über Krankheiten, Hausflurreinigung, dass früher alles viel besser war und wie sich alles verändert hat, und als der Vadder noch lebte, da gabbet so watt sowieso nicht ... Meine Mum ist echt ´ne Herzensgute. Da kann sich jeder im Haus mal was leihen. Mal ein Ei oder Mehl oder auch schon mal eine Bohrmaschine. Meine Mutter, die hat alles, es gibt nix, was sie nicht hat. Mal eben eine Hose kürzen, kein Problem. Den Nachbarshund hüten oder die Pflanzen während des Urlaubs gießen, Pakete annehmen oder Schlüssel verwalten, da ist sie immer für zu haben. Wie gesagt, es gibt nix, was sie nicht hat oder nicht macht.
Ich bin da ja anders. Ich bin immer froh, wenn ich meine Ruhe habe und keiner was von mir will. Ich kenne nicht mal die Namen von allen Nachbarn. Das interessiert mich auch nicht so wirklich. Ich kenne keinen – und das ist gut so! Aber einen, den habe ich neulich kennengelernt. Und zwar auf eine Art und Weise, die mir lieber für immer verborgen geblieben wäre.
In der Nacht von Samstag auf Sonntag: Ich hatte einen ruhigen Abend zu Hause verbracht, bei Chips und Fernsehen im Bett gelegen, ein wenig mit Freunden telefoniert und war dann früh eingeschlafen. Gegen halb fünf wurde ich durch ein penetrantes Ge-

räusch wach. Im Dunkeln musste ich mich erst einmal orientieren und meine Sinne sammeln. Ich lag also da und horchte in die Dunkelheit hinein. War da etwa jemand an meiner Haustür? Ich lauschte. Nee, das war irgendwas anderes. Es klang dumpf und nun auch rhythmisch. Was konnte das nur sein?
Hatten die blöden Hühner vom Nachbarn einen nächtlichen Koller gekriegt und randalierten in ihrem Hühnerstall? Ich lauschte intensiver. Zu dem dumpfen Klopfen kam nun auch ein Jaulen hinzu. Es klang erbärmlich, so, als würde irgendjemand ein Tier quälen. Ich bekam eine Gänsehaut und zog mir meine Bettdecke bis übers Kinn. Nun wurde das Geräusch lauter. Ich setzte mich auf, um besser hören zu können. Mein Gott, woher kam das nur??? Ich stand auf und folgte dem Geräusch durch mein Schlafzimmer. Ich ging zur Tür, doch da wurde es leiser. Ich ging zurück zu meinem Bett, da war es wieder deutlicher zu hören. Je näher ich der Wand kam, desto lauter wurde es. Ich lehnte also mein Ohr an die Wand und lauschte abermals. Das Gejaule wurde lauter und deutlicher, ich konnte richtige Vibrationen am Ohr und am Kinn spüren. Da schrie doch jemand?! Ich versuchte zu erkennen, wer oder was gerufen wurde.
„Ja, ja, ja!“
Hatte ich mich verhört?
„Ja, ja, ja ... Oooh, mein Gott ... Ja, ja, ja!“
Ich traute meinen Ohren nicht. Die Vibrationen waren deutlich auf der Wand zu spüren, und als mir klar wurde, was ich gerade hörte, sprang ich in einem Satz von ihr fort und knallte gegen meinen Bettpfosten. Ich schrie auf und plumpste zurück ins Bett.
„So eine Scheiße!“, fluchte ich und rieb mir meinen Zeh.
Toll, der würde morgen schön blau sein. Ich war jetzt auch noch hellwach und total angepisst. Da schurgelte mein Nachbar unter mir anscheinend seine Freundin oder wen auch immer und scheuchte sie durch sein Bett – und ich fiel fast vom Glauben ab. *Hallooo*, dachte ich mir so, *wie hellhörig sind denn hier bitte die*

Wände? Das ging ja mal gar nicht. Ich legte mich zurück in die Federn und versuchte, nicht mehr hinzuhören. Aber mit dem Nichthinhören ist das genauso, als wenn jemand sagt: „Denke bloß nicht an einen rosa Elefanten."

Ich hörte plötzlich nix anderes mehr.

„Ja, ja, ja ... Oh, mein Gott!"

Und ich dachte auch: *Oh, mein Gott ... Lass ihn endlich fertig werden.* Aber diesen Gefallen tat er mir nicht. N-e-i-n! Nun wurden die Geräusche langsamer. Vor meinem inneren Auge sah ich richtiggehend, wie er ein kleines Päuschen machte, um seine Kräfte neu zu mobilisieren.

Genau so war's! Schon ging's wieder rund ... Dong! Runde zwei ... Aus dem „Ja, ja, ja" wurde nun ein langes „Uuuh, ja, uuuh, ja ... uuuh!"

Das dumpfe Klopfen an der Wand wurde immer heftiger. Ich dachte nur, was für eine arme Sau, die wird ja morgen eine schöne Birne haben, so wie er ihren Kopf gegen die Wand haut.

Ich presste mir mein Kopfkissen auf die Ohren und versuchte, wieder einzuschlafen. Aber null Chance, an Schlaf war nicht mehr zu denken. Meine Gedanken kreisten plötzlich um die eigene Lust. Ich fragte mich, ob man mich auch gelegentlich hörte. Mir trat im Dunkeln die Schamesröte ins Gesicht, und ich konnte das Brennen auf den Wangen spüren. Oh, mein Gott! Unten wurde nun Runde drei eingeläutet. Ich feuerte die beiden in Gedanken förmlich an. Zwischendurch überlegte ich ernsthaft, mal laut auf den Boden zu klopfen und zu rufen, dass er doch bitte, bitte, ee-endlich fertig werden möge. Ich ließ es dann aber, weil ich an das gute nachbarschaftliche Verhältnis dachte.

Gerade da setze er zum finalen Stoß an. Die Frau in seinem Bett schrie ein letztes Mal „Oooh, mein Gott", und dann kehrte endlich wieder Ruhe ein.

Doch ich lag da, war aufgewühlt und wach und dachte mir: *Jetzt würde ich gerne eine rauchen.*

Als wir – also, mein Nachbar und ich – uns einige Zeit später im Hausflur trafen, sah ich ihn plötzlich mit ganz anderen Augen und konnte mir ein hämisches Grinsen nicht verkneifen. Als ich irgendwann einer Freundin am Telefon von der Geschichte erzählte und meine Mutter es mit anhörte, sagte sie plötzlich: „Och, weißte, dein Vatter und ich früher ... Da haben die Nachbarn bestimmt auch öfters gedacht: *Oh Gott* ...“
Tja, es gibt doch nix, was meine Mutter nicht auch macht.
Und diesen Gedanken, den werde ich bestimmt niiie wieder los.

Der Typ in meinem Bett

Es gibt Tage, die braucht kein Mensch. Aber es gibt Morgen, die braucht man nicht nur NICHT, da will man am liebsten sterben. Ich hatte mal so einen Morgen und alles, was ich heute dazu sagen kann, ist: Seit diesem Morgen hasse ich kleine Männer mit Bierbauch!
Meine Freundin Anja rief mich die Tage an und meinte, wir sollten mal wieder einen Mädelsabend machen. Obwohl ich den Begriff „Mädels“ für Frauen über vierzig ja nicht unbedingt sooo passend finde. Aber wie sollte man uns sonst nennen? Frauen im besten Alter? Also ich fühle mich nicht im besten Alter. Ganz im Gegenteil! Morgens fühle ich mich manchmal wie achtzig, mir tun die Knochen weh, bei mir beginnen die Wechseljahre, was mich regelmäßig mit Hitzewallungen der gemeinsten Art überrascht. Da stehste im Geschäft und dir läuft die Schminke aus der Visage, und du kannst nix dagegen machen. Die Schweißränder unter dem T-Shirt-Ärmel sind mir dann jedes Mal so peinlich, dass ich die Arme fest am Körper gepresst halte, was mich wie einen Mutanten aussehen lässt. Haste mal versucht, mit an den Körper getackerten Unterarmen, Ware im Supermarkt aufs Band zu legen?
Also, das hier sind bestimmt nicht meine besten Jahre.
Irgendwie war ich in letzter Zeit nicht wirklich gut drauf, war genervt und oft grundlos gereizt. Lag wahrscheinlich an den Hormonen, die gerade Tango mit mir tanzten. Der Postbote traute sich schon nicht mehr die Treppe rauf. Auch mein Nachbar hatte letztens einen Schritt zugelegt, als er mich von weitem sah.
Ich war also von Anjas Vorschlag nicht unbedingt sooo begeistert. Sie meinte aber, dass das genau das Richtige für mich wäre, so

wie ich drauf sei. Ich könnte ein bisschen Abwechslung gut vertragen.
So ließ ich mich von ihr überreden mitzukommen. Schon alleine die Vorbereitung war kompliziert. Die ewige Frage „Was ziehe ich bloß an?“ stieß mich in eine tiefe Sinnkrise. Die Hitzewallungen machten mir zusätzlich die Entscheidung schwer – und am liebsten wäre ich nackend gegangen. Aber das wäre wohl kein schöner Anblick gewesen, auch wenn man sich darüber sicher streiten könnte. Aber mal ehrlich, das braucht doch kein Mensch, oder?
Ich haderte also mit mir, meinem Alter, meinen Hormonen und dem Kleiderschrank, telefonierte dann alle Freundinnen ab, was sie denn abends anziehen würden, und erntete den gleichen Müll, der sich schon zu Hause auftat. Ich war also keinen Schritt weiter, dafür aber am Rande des Nervenzusammenbruchs. Und das nur, weil ich kein passendes Kleidungsstück fand, das meiner Stimmung entsprach. Ein verstimmtes Grau mit auflodernden schwarzen Flammen wäre wundervoll gewesen und hätte gepasst. Aber ich wollte mir nicht die Blöße geben und presste mich deshalb in ein wunderbar leuchtend-buntes Sommerkleid. So würden die anderen nicht meckern, und wenn mir wieder die Röte ins Gesicht schoss, würde es nicht mal auffallen.
Als ich endlich fertig war und völlig gestresst zu den anderen stieß, tropfte es schon wieder aus meinen Haaren. Wer hatte eigentlich diesen Stuss von den besten Jahren verbreitet? Ich bestellte Alkohol – jede Menge Alkohol. Und tat das, was ich am besten konnte: Ich jammerte. Ich tauchte förmlich ein im Selbstmitleid, suhlte mich genüsslich darin herum und fühlte mich wie ein Schwein im Schlammbad: PUDELWOHL! Von da an ging's. Es lief herrlich. Wir lachten und gackerten wie die Hühner, und ich fühlte mich wieder wie zwanzig. Na ja, sagen wir lieber wie zweiunddreißig. Ich scherzte und kippte dazu einen Drink nach dem nächsten. Der Alkohol war wie ein Trostpflaster, ein will-

kommener Gast, den ich herzlich umarmte. Die Menschen um mich herum kamen mir plötzlich so herzlich und gut vor. Von ihrer Attraktivität mal ganz abgesehen. Da sagt man immer, Schönsaufen ist nicht das Wahre – konnte ich gar nicht verstehen. Der Typ neben mir an der Theke mochte ja einen Kopf kleiner sein, na und?! Was konnte er für den kreisrunden Haarausfall am Hinterkopf? War doch gar nicht so schlimm. Das bisschen Bauch, Herrgott, ich war ja nun auch nicht die Schlankeste. Her mit dem Bier und dem Bauch.
Meine Freundin versuchte mich noch mit letzter Kraft abzuhalten und flüsterte mir immer wieder etwas zu, das klang wie: „Lass sein, der ist doch voll hässlich." Konnte aber auch sein, dass sie sagte: „Gemein, das Bier ist wässrig." Bin mir da jetzt nicht mehr so sicher.
Jedenfalls fühlte ich mich plötzlich stark und total bester Laune. Konnte ich gar nicht verstehen, was mich an den Vierzigern genervt hatte. Ich war ja wohl noch lange keine vertrocknete Mutti mit sexueller Tarnkappe. Phh, ich war immer noch sexy, wie man hier ja nur unschwer sehen konnte. Eine Frau, die mitten im Leben stand – oder wie in meinem Fall, an der Theke. Der Kleine klebte mittlerweile an meinem Dekolleté und hauchte mir mehr in die Bluse als in die Augen, dass er mich klasse finden würde. Mit einer Hand versuchte er, mir an den Allerwertesten zu grabschen, was ihm nicht so recht gelang, da er sich an der Theke festhalten musste, um nicht umzufallen.
Anja machte einen letzten Versuch, mich zum Gehen zu bewegen, denn alle anderen waren schon fort.
Ich aber tönte: „Jetzt geht die Party richtig looos!", und begann zu tanzen. Hätte ich das mal lieber nicht getan. Der Lütte fühlte sich gleich aufgefordert und schmiss sich nun erst mal richtig ran. Selbst nicht mehr ganz sicher auf meinen Hacken, mussten wir uns nun gemeinsam stützen. Auch wenn ich es nicht wie alle anderen von außen sah, mussten wir einen erbärmlichen Eindruck

gemacht haben. Irgendwann hatten wir uns wohl ein Taxi genommen. Ich weiß nur noch, dass wir laut „A-n-i-t-a“ gesungen hatten. Der Rest hüllt sich zum Glück in Nebel.
Das Erste, was ich jedenfalls am frühen Morgen entdeckte, war ein leeres Kondomtütchen, das mir am Rücken klebte, und eine Halbglatze, die neben mir auf dem Kopfkissen ruhte. Und das Erste, was ich bekam, waren Hitzewallungen! Ich musste ein leichtes Würgen unterdrücken und schwor, niemals, niiiemals wieder Alkohol zu trinken.
Aber zunächst galt es, die Glatze aus meinem Bett und am besten aus meiner Erinnerung zu entfernen. Ich stupste ihn an und erntete dafür nur ein Grunzen, das mich an ein kleines, dickes, rosa Schweinchen erinnerte. Der Typ übrigens auch. Ein Blick unter die Decke hatte dafür gereicht. Herrgott noch eins, wie konnte mir das nur passieren? Auf wie viele strubbelige Hormone sollte ich diesen Fauxpas nur schieben? Nein, dafür war ich mal schön selbst verantwortlich. Ich zog dem Schweinchen die Bettdecke weg und rief halb gespielt fröhlich, halb offensichtlich gereizt: „Guten Mooorgen! Du musst jetzt gehen!“
Als der Kleine sich umdrehte, setzte die Morgenübelkeit wieder ein. Echt jetzt? Der war mir passiert? Und alle hatten es gesehen? Mich blinzelten zwei kleine, verschwollene Schweineäuglein entgegen. Sein Grinsen war gesäumt von weißen, angetrockneten Speichelresten in den Mundwinkeln. Ich schluckte ... Das Schweinchen fühlte sich wohl aufgefordert, nach dem Rechten zu sehen, und kam näher. Er legte, noch halb liegend, den Arm um meine Schultern und wollte mich küssen. Dabei erreichte mich sein Atem wie ein Vorschlaghammer, er haute mich regelrecht um: Bier vom letzten Abend, dazu der Duft von Erbrochenem, gemischt mit Zigarettenspeichel. Ich wendete mich angewidert ab.
„Geht's dir nicht so gut?“, fragte der Typ im Bett.
Ich schüttelte den Kopf.

„Das kommt bestimmt vom Alkohol. Mensch, du hast aber auch gestern gepichelt.“ Nun schmiss er sich wieder in die Kissen und lachte amüsiert.
Sein Anblick machte mich wütend. Der sollte abhauen und zwar sofort!
„Du, ich hab´ da heute noch so einen Termin.“
Ich schaute ihn auffordernd an.
„Am Sonntag?“, fragte der Lütte und verzog dabei das Gesicht. „Welchen Termin hast du denn heute?“
Ääää, ja ... scheiße! Ich gab auf und versuchte nun die Holzhammermethode. Ehrlich währt doch bekanntlich am längsten, oder?
„Also, weißt du, ich muss heute meine Wäsche machen. Und du liegst noch drin. Also, wenn's dir nicht so viel ausmacht, dann steh bitte auf und fahr nach Hause, ja?“
Nun sah er traurig und ein bisschen beleidigt aus.
„Du hättest ja einfach sagen können, dass ich gehen soll.“
Ich nickte. *Jahahaaa, damit du mir eine riesige Szene machst*, dachte ich so bei mir. Das können Männer nämlich auch supergut.
Er schlüpfte in seine Klamotten, die wahllos auf dem Boden verteilt lagen.
Ich tat beschäftigt und hätte am liebsten den Besen geholt, um ihn rauszufegen. Manno, konnte der sich nicht mal beeilen? Wie lange braucht man schon, um sich die Socken anzuziehen? Also, der Typ jedenfalls, der nun auf meiner Bettkante saß, der brauchte 'ne Ewigkeit.
„Bekomme ich noch einen Kaffee?“, versuchte er es erneut.
Ich schwieg!
„Aha, also noch nicht mal 'nen Kaffee bekommt Mann bei dir.“
Ich schwieg immer noch, zog aber beide Augenbrauen hoch. Endlich stand er auf und ging zu Tür. Herrgott, was war der klein. Als er schon draußen im Flur stand, drehte er sich plötzlich um.

„Aber eines muss ich dir sagen. Man sagt ja immer, Frauen ab vierzig wären echte Granaten im Bett. Aber hey ... dann bist du wohl ein Blindgänger!“
Zack – und da fiel auch schon die Tür ins Schloss.

Folgende Erkenntnis ziehe ich daraus:
Meine besten Jahre sind die Vierziger definitiv nicht!
Alkohol macht Birne hohl!
Und: Traue niemals kleinen Männern mit Bierbauch!

Problemalter!

Wenn wir schon gerade bei Geständnissen sind: Hier kommt noch eines! Ich kann nicht älter werden. Ich habe ein totales Problem mit dem Alter! Manches Mal, wenn ich morgens vor dem Spiegel stehe, denke ich mir, das kann doch nicht sein! So alt kannst du im Leben nicht aussehen. Dabei geht das morgens eigentlich noch, weil man dann ja meistens ausgeruht ist. Abends beim Abschminken ist es eigentlich noch schlimmer. Wenn der ganze Rotz vom Tag runtergewaschen ist und ich müde in den Spiegel blicke, überlege ich mir manchmal, ob ich mich nicht wieder fürs Bett schminken sollte. Das Aufwachen wäre dann ja auch viel schöner. Obwohl, so mit Waschbäraugen?!

Morgens aufstehen ist auch so eine Sache. Mittlerweile bin ich froh, wenn ich eine Nacht mal heile überstanden habe. Nicht, was ihr jetzt denkt. Davon bin ich meilenweit entfernt und das Thema greife ich gerne an anderer Stelle noch mal auf. Ich meine, wenn ich morgens aufwache und mir mal nix weh tut, dann wird das schon fast ein gelungener Tag oder zumindest ist es eine Option darauf.

Die vielen anderen Morgen, wo ich nicht weiß, welches Körperteil ich zuerst sortieren soll und welches ich anscheinend im Bett vergessen habe, überwiegen leider. Ich fühle mich dann wie achtzig und scheintot. Ich sitze oft auf der Bettkante und überlege, ob es wohl Sinn machen würde, jetzt schon mal die Rente einzureichen. Und was mein Arbeitgeber wohl dazu sagen würde, wenn ich aufgrund chronischen Müdeseins in Kurzarbeit will?! Ich brauche definitiv mehr Schlaf als früher. Dabei sollte jetzt meine Blütezeit anfangen. Ich befinde mich laut Statistik in der Mitte meines Lebens, aber so wie es sich anfühlt, werde ich die Neunzig niemals erreichen. Von daher kann es sich nur um einen Irrtum handeln.

Apropos Statistik! Ich bin immer die andere Prozentzahl jeder Umfrage: 80 % der Deutschen achten auf ihre Ernährung – hmmm ... na jaaa ... 20 % sind ja auch nicht so wenig! Die beliebtesten Freizeitbeschäftigungen der Deutschen sind Shopping, Rätsel lösen und Essen gehen. Kann ich verstehen. Ich mache das genauso: Ich gehe erst shoppen, rätsle anschließend, ob mein Konto das auch aushält und versuche dann, das schlechte Gewissen mit Essen zu betäuben. Jede zweite Ehe wird geschieden! Tja, bei mir waren es zwar auch zwei Ehen – die aber alle beide geschieden worden sind. Also, da kann doch was nicht stimmen.

Traue ergo keiner Statistik, die du nicht selbst gefälscht hast. Mal ganz ehrlich, wenn ich mir die Werbung so ansehe, könnte ich kotzen. Da zeigen Vierzehnjährige, die sich Faltencremes aufschmieren. In meinem Alter kannst du nur noch aufhören zu arbeiten, um den Stress zu verringern, du darfst nur noch grünen Tee trinken, wie eine Blöde Sport treiben, nicht rauchen, nicht saufen, nicht feiern, um den Alterserscheinungen entgegenzuwirken.

Aber wer bitte will so leben? Ich halte es da mit einer sehr bewährten Methode meiner Mutter: Ich schnalle mir einfach meinen BH ab – Gratis-Lifting in fünf Sekunden!

Kommen wir zurück zu dem, was sich des Nachts abspielt. Wenn man Single ist und über vierzig, so wie ich, dann kommt es ja nicht mehr so oft vor, dass du Turnübungen wie früher im Bett veranstaltest. Der Sex wird eher gemächlicher. Denn der, der mit dir im Bett liegt, hat ja meistens auch dein Alter. Das kann dann schon mal zu Rangeleien führen. Bei latentem Übergewicht hast du schon gewonnen, wenn du oben sein kannst. Unten ist nicht nur der Druck sehr viel größer, die Masse verteilt sich leider auch sehr ungünstig. Das, was in die Körpermitte gehören sollte, befindet sich in Rücklage leider seitlich unter den Achseln. Das ist nicht schön! Da musst du ab und zu auch schon mal deinen Sexpartner bitten, beim Aufstehen aufzupassen, wo er sich abstützt. Es könnte sonst zu unschönen Unfällen führen, die man nicht wirklich einem Arzt im Krankenhaus erklären möchte. Nicht, dass ich mich da auskenne. Aber man hört ja gelegentlich hinter vorgehaltener Hand was, nicht wahr?!

Manches Mal frage ich mich, wie das eigentlich passieren konnte. Den Quantensprung hatte ich mir ganz anders vorgestellt. Gerade war ich noch Mitte zwanzig – und jetzt? In guten Zeiten vergesse ich, wie alt ich wirklich bin. Und werde nur dann daran erinnert, wenn ich alte Bekannte auf der Straße mit ihren erwachsenen Kindern treffe. Ich staune und bewundere und gratuliere ihnen dann zum gelungenen Nachwuchs, nur um anschließend das kalte Grausen zu bekommen: WAS, so alt sind wir schon? Das hätte mein Sohn oder meine Tochter sein können! Ach du Schreck!

Ich komme mir dann ziemlich lächerlich vor, in meinen zerrissenen Jeans und dem Glitzer-T-Shirt. Ich sollte wohl auch mal lernen, mich altersgemäß anzuziehen. Das Problem ist nur, dass ich ein Problem mit dem Altern habe!

Diva

Mir ist laaangweilig! Und meine Füße tun mir weh. Der Mann vor mir hat furchtbare Schuppen, fällt mir gerade auf. Igitt, hoffentlich macht der jetzt nicht so eine heftige Bewegung mit dem Kopf. Das sieht richtig eklig aus, wie weiße Fischschuppen ... Na ja, Schuppen eben. Die Schlange vor mir bewegt sich kaum zwei Zentimeter. Herrgott, was ist da vorne wieder los? Der Penny ist auch nicht mehr das, was er mal war. Also, früher war das ja mal ein Rewe, bis die sich nicht mehr halten konnten, mit ihrem ganzen elitären Kram hier. Das war, als die Leute sich nicht mehr geschämt haben, zum Aldi zu gehen. Früher, da haben wir immer unsere eigenen Tüten vom Rewe oder so mit in den Aldi genommen. Sollte ja keiner sehen, dass wir da jetzt auch einkaufen. Die Nachbarn hätten wohlmöglich noch gedacht, dass wir, also ich jetzt, arbeitslos wären. Job verloren und nun kurz vor der Grenze zu asozial! Dabei wollte ich einfach nur sparen. Für den nächsten Urlaub, das größere Auto ... Ach, Quatsch, nennen wir das Kind doch beim Namen: für das neunundneunzigste Paar Schuhe!!! Als die Kunden wegblieben oder nur noch leere Tüten kauften, mussten die auch eine Discountschiene aufmachen. Tja, so ist das manchmal. Hochmut kommt vor dem Preisfall!

Na toll, jetzt ist die Bon-Rolle leer und die Kassiererin muss eine neue nachlegen. Klappe auf, fummel, fummel, rüttel, schnipp-schnapp, Klappe zu – Affe tot. Weiter geht's im Zentimetermarsch. Ich schaue über die Köpfe vor mir hinweg. Kann ich ja, bin groß genug. Ja, sag mal ... kenn′ ich den da vorne nicht? Ja, ist das denn die Possibility? Das ist doch der Martin Semmelrogge. Was macht der denn in Gelsenkirchen und das um diese Uhrzeit? Ich werde gleich noch ein Stückchen größer und kneife die Augen

zu. So kann ich besser sehen. Sieht zwar scheiße aus, nützt aber nix! Boooar, tatsächlich, das ist der Martin.
Den hätte ich mir auch ganz anders vorgestellt. Der ist winzig klein und dann die fettigen Haare. Aber immer cool mit Lederjacke. Selbst hier, im Supermarkt, in Gelsenkirchen. Wie der da so lässig in der Reihe steht. Wer hätte gedacht, dass der Martin Semmelrogge einfach mal so beim Penny einkaufen geht? Ich dachte immer, das macht sein Manager. So was hat der doch, oder? Ich meine, der hat ja schon viel Scheiße gebaut, war im Knast und so. Und dann die Drogen und seine Sauferei. Aber der ist doch ständig im Fernsehen. Da wird der doch einen Manager haben, oder? Ob ich den einfach mal ansprechen kann? Vielleicht frage ich den nach einem Autogramm? Na ja, seine Telefonnummer wird er mir wohl kaum geben. Aber fragen würde ich danach sowieso nicht. Ich wär ja auch nicht sein Typ. Ooobwohl, ich bin ja schon eine Tolle. Ich sehe gar nicht mal so schlecht aus. Also, warum sollte der Martin mir nicht seine Nummer geben? Okay, uns trennen gut und gerne fünfzehn Zentimeter. Aber wer rechnet schon? Das spielt doch heute keine Rolle mehr. Obwohl ich ja gar nicht auf blond oder ... was ist das für eine Haarfarbe? Ich lehne mich nach vorne und kneife die Augen noch fester zusammen. Durch meine Sehschlitze erhasche ich eben noch einen Blick auf die Fischschuppen vor mir, bevor sie mein Kinn berühren. Iiihhh ... pfuideivelbahbahbah! Jetzt hat mein Gesicht die Kletschhaare von meinem Vordermann berührt. Und wie der kuckt. Zack, hat sich umgedreht, viiiel zu schnell ... Da siehste, jetzt sind doch einige Schuppen abgefallen. Äääh ...

Der Martin hat zum Glück nix mitgekriegt. Steht immer noch weiter vorne an der Kasse. Wenn der sich jetzt zu mir umgedreht und gesehen hätte, dass mein Kinn an diesem Matschhaar klebt ... dann würde der mich nie küssen. Also nicht, dass ich jetzt davon träume, von Martin Semmelrogge geküsst zu werden. Aber so rein

theoretisch. .. na jaaa ... der ist ja auch viel zu klein, der Martin. Und so dünn. Herrgott was ist der Mann dünn. Ich dachte immer, die Säufer hätten alle so einen Schmierbauch.
EY!!! Kuck nicht so. Ja, du da vorne in der ersten Reihe.
Ich trinke nicht!!! Na ja, jedenfalls nicht immer. Ich bin halt sehr gesund! Ich esse halt gerne. Dreimal am Tag ... warm! Also, in mir steckt auch eine Diva! Jaaahaaa ... gefangen in diesem Hausfrauenkörper.
Ach, Mist, jetzt ist der Martin dran und bezahlt gerade. Ich hab den nicht mal von vorne ... Ach du Schreck, wie sieht der denn aus? Das ist ja gar nicht der Martin Semmelrogge, das ist ja mein alter Lehrer Herr Koronsky. Den ich früher immer so gehasst habe. Iiih ... und den wollte ich küssen?

Ladys Leid

Erst mal eines vorweg: Ich habe den Tiefpunkt meines körperlichen Wohls erreicht!
Neulich war ich auf eine Balkonparty eingeladen. Also, eigentlich war das 'ne ganz normale Geburtstagsparty bei einer Nichtraucherin, daher fand die draußen auf dem Balkon statt. War'n halt alles Raucher vor Ort! Als ich ankam, waren zum Glück noch nicht sooo viele Gäste da. Deshalb konnte ich mir den Platz noch aussuchen. Ich pflanzte mich auf den nächstbesten Stuhl. Nach ein paar Sekunden dachte ich erst: *Watt is datt denn? Watt kneift mich denn da?* Bis ich feststellen musste, dass das der Stuhl war, der mir in die Oberschenkel kniff. Der schnürte mich regelrecht ein und presste mich in eine eckige Form, von der sich mein Bindegewebe auch in drei Tagen nicht mehr erholte. Wisst ihr, so ein Bindegewebe ist FAUL! Das lässt sich bei jeder sich bietenden Gelegenheit einfach hängen. Dem kannste ruhig gut zureden, das scheißt auf deine guten Ratschläge. So 'nem Bindegewebe kannste nur drohen. Beweg dich dahin, wo du hergekommen bist, oder du wirst mal erfahren, was 'ne dreiwöchige Eiweiß-Diät ist, Freundchen!!! Mach, datt du wegkommst!
Ich will mich also aus der Zwangssituation befreien und aufstehen. *Hahaaa*, hat sich mein Bindegewebe gedacht … *Am Aaarsch!* Nicht nur im übertragenen Sinne. Das fühlt sich nicht gut an, wenn dir eine Freundin sagt: „Du hast was ...“, und versucht, dir 'nen weißen Plastik-Gartenstuhl vom dicken Hintern runterzuziehen. Das war wirklich ein Tiefpunkt. Von da an hatte ich echt keinen Bock mehr, dass meine Knie mein Doppelkinn wieder Richtung Nase schieben. Genug ist genug!
Wenn man so über sich selbst ablästert, findet man oft sehr schnell Leidensgenossen. Ich hab da so eine ganz liebe Arbeits-

kollegin, die es auch leid war, es sich mit dem einen oder anderen Polster gemütlich zu machen. Was also tun? Wir stehen also während unserer Pause auf dem Flur und ziehen uns gegenseitig runter, wer denn das schlaffere Gewebe an gewissen Stellen hat (Winkeärmchen), und beschließen, endlich Sport zu treiben. Dann komm ich auf dem Klo auch wieder überall ran. Hahhaa ... dieses Kopfkino … doofes Ding …

Ein paar Wochen später haben wir es tatsächlich geschafft und sind nicht nur beim Sport angemeldet, wir haben uns sogar für unseren ersten Kurs eingetragen. Voller Erwartung stehen wir mit dreißig anderen Frauen vor dem Fitnessraum und warten wie die Schafe, die gleich zur Schlachtbank geführt werden. Und wir freuen uns auch noch darauf!

Dann endlich geht die Tür auf und alles strömt hinein. Ich kann euch sagen, Frauen sind manchmal echte Bestien. In der Bar einen Platz an der Theke zu bekommen oder im Karneval ein freies Klo zu finden, kann nur halb so spannend sein, wie dreißig Frauen auf dem Weg zur straffen Figur, wenn die um eine dämliche Yoga-Matte kämpfen.

Als dann endlich alle eine Matte haben und wir uns im Quadratzentimeter-Kampf einen freien Platz ergattern, geht es endlich los. Vorne steht so ein dünnes Ding mit Headset und stahlharten Arschbacken, die noch nie in ihrem Leben was von „Röllekes“ gehört hat, und stellt sich vor.

Ich höre hinten nur ein Geknuschel: „Sfsffsjfdfjldjdalf Sybille. Laflmfladmf malam“, und schon setzt die Musik ein. Vor mir steht eine Frau, die noch größer ist als ich, und versperrt mir die Sicht. Also bleibt mir nichts anderes übrig, als ihr auf die Rückfront zu starren und ihre Bewegungen, die Sybille vorne anscheinend ins Headset knuschelt, nachzuahmen. Meine liebe Arbeitskollegin steht schräg vor mir und starrt angestrengt nach vorne. Ihre Arme rudern irgendwie unbeholfen in der Luft. Ich vermute, dass sie wohl genauso wenig sieht, was Sybille vorne vormacht,

wie ich. *Egal*, denke ich, *mach einfach, was die anderen machen.* Nun beginnen wir mit Steps links, Ausfallschritt nach rechts. Nur eben seitenverkehrt. Denn Püppi vorne steht ja andersherum, was weder ich noch die Giraffe vor mir so recht checken und wir deshalb gegen den Strom der anderen ausführen. Ich renne also fast in meine seitliche Nachbarin. Als meine Kollegin einen kurzen Blick zu mir nach hinten wirft, sehe ich noch fast ihr Augenrollen. Mal wieder typisch ich! So geht das eine ganze Zeit: Ich steppe und hüpfe unbeholfen und fluche dabei – und mir ist es scheißegal, ob das jemand mitkriegt. Dann geht's ab auf die umkämpften Yoga-Matten. Mir ist eh gerade die Puste ausgegangen. So ist es gut, dass ich mich mal kurz ablegen kann.
Aber denkste: Einmal unten angekommen, soll ich nun meine Beine in die Luft strecken – aber ohne den dicken Hintern auf der Matte zu lassen. Ich wuchte denselbigen in Position und bin selbst ganz überrascht, dass der sich nicht mal zwei Zentimeter vom Boden abheben lässt. Knickebein halb oben, Hinterteil höre ich zwischen geknuschelten Anweisungen, dass ich bitte nun Kopf und Schultern Richtung Beine bewegen soll! Hallooo? Wie soll das gehen? Schließlich befindet sich zwischen meinem Kopf und Schultern noch mein Doppelkinn, das bei diesem Versuch erst auf meine Brüste und dann auf meine Plauze trifft. Das sind eingebaute Airbags, die schiebste nicht einfach mal so beiseite! Ich versuche dennoch mein Bestes und merke, wie mir der Schweiß ausbricht und weiß jetzt schon, dass ich morgen erst mal einen Termin beim Orthopäden brauche.
Meine Kollegin sieht zum Glück nicht besser bei den Übungen aus. Die anderen kann ich mittlerweile nicht mehr sehen, weil ich das Gefühl habe, dass meine Herzkranzgefäße mir die Augen von innen aus den Höhlen drücken. Im Tunnelblick kann ich eigentlich nur noch meine Oberschenkel sehen, die mittlerweile wie eine bedrohliche Wand zwischen mir und der Atemluft zu stehen scheinen. Nach fünfzehn Minuten intensiven Bauchtrainings gebe

ich auf. Mir ist es scheißegal, dass Sybille mich von vorne versucht zu motivieren mit den Worten: „Du da hinten mit der Haltungsstörung, nicht schlapp machen, das ist nicht gut für deinen Kreislauf."

Und ich denke, der einzige Kreislauf, den ich noch habe, ist der in meinem Kopf. Mir wird schwindelig und heiß und ... AUAAAA! Irgendwann hat das Martyrium ein Ende und wir sind fertig. Als alle anderen mit freudig roten Wangen und strahlenden Augen aufstehen (Kennt ihr das? Wenn die Sportler nach getaner Leistung im Ziel ankommen, die strahlen dann immer so …), liege ich immer noch erschöpft wie eine Flunder auf der Matte. Beim Versuch, mich aufzusetzen, schmerzt mein Bauch. Hey, und ich dachte, ich hätte da keine Muskeln! Mehr geht nicht. Wie 'ne Plansche liege ich noch halb und komme nicht hoch. Da muss mir meine liebe Kollegin die Hand reichen und mich hochziehen.
Fehlt jetzt nur noch ein weißer Plastik-Gartenstuhl!

Zappenduster

Wie du so dastehst, draußen vor meiner Tür. Und ich drinnen. Du mit deinen Händen tief in den Taschen und diesem Hundeblick. Da würde ich dir am liebsten meine vergangene Liebe um die Ohren hauen und dir mit meinen messerscharfen Worten dein Grinsen herunterschneiden. Du schabst mit den Füßen und fragst verlegen, ob du reindürftest. Und ich denke, du warst schon zu oft drin, in meinen Gedanken und viel zu tief in meinen Gefühlen.
„Och, bittööö", raunst du und lässt die Unterlippe beben.
Drückst mechanisch auf meine Knöpfe. Irgendwas wird schon passieren, irgendwas geht heute sicherlich. Und ich ringe um eine Antwort, ich ringe um meinen Verstand. Mein Kopf sagt Nein, mein Herz sagt Ja, doch meine Lippen formen ein Vielleicht.
Dein erstaunter Blick sieht fast erbärmlich aus. Wieso vielleicht? Mit einem Ja hast du gerechnet. Mit einem ganz klaren Ja! Eines, das ich dir schmachtend zuhauche in freudiger, gieriger Erwartung. Ein Ja und Amen wäre dir sicher auch recht gewesen. Doch meine Absolution, die bleibt aus. Vergeben habe ich dir viel zu oft, doch vergeben hätte ich mir dieses "Ja", das du erwartet hattest, sicher nicht. So hängt mein "Vielleicht" in der Luft und trifft dort auf meinen Mut, der mich bereits bei deinem Anblick verlies. Ich überlege, wie ich beides einfangen kann. Es müsste so was wie ein Gefühlslasso geben, das alles, was einen unkontrolliert verlässt, wieder einfängt. Dein Blick, der fest auf mir haftet und der wohl etwas bei mir bewirken soll, hatte auch schon mal mehr Kraft. Als dir klar wird, dass deine Macht an der Türschwelle endet, spüre ich deinen Zorn. Wie er sich langsam aufbaut und deine Schultern strafft. Er lässt deine Brust anschwellen und macht dein Gesicht plötzlich hässlich. Vorbei die bebenden Lippen, ein schmaler Strich ist da jetzt.

„Wieso bist du immer so kompliziert?“, schleuderst du mir beleidigt entgegen.
Und ich denke wieder an mein Lasso. Vielleicht sollte ich dir das mal leihen! Ich muss grinsen. Gefällt mir, dein Zorn und vor allem deine Unsicherheit, die ich gerade an dir entdecke. War gar nicht so schlecht, mein Vielleicht! Aber das geht bestimmt noch besser!
Mein Verstand macht einen kurzen Abstecher zu „Warum bin ich kompliziert?“, kriegt dann aber noch rechtzeitig die Kurve.
„Weißt du“, sage ich müde, „es ist einfach zu spät.“
Dein ABER höre ich noch – doch nur durch die geschlossene Tür.
Als dann draußen das Flurlicht ausgeht, denke ich irgendwie erleichtert: *So, zappenduster ... Endlich.*

Ungezogen umgezogen

Neulich bin ich umgezogen – wieder einmal. Ich führe schon lange ein Zigeunerleben. Mich hält es nie lange an einem Ort. Nach ein paar Jahren spüre ich plötzlich so eine Art Sehnsucht, es juckt mir in den Füßen und ich muss weiterziehen. Es liegt nicht mal daran, dass mir mein Zuhause nicht gefällt oder mich sonst was stört. Ich kann das nicht erklären, es ist einfach so!

Doch von Umzug zu Umzug wird es mir beschwerlicher. Klar, ich bin ja auch älter geworden. Kennt ihr das auch? Egal, wie gut du dich auf so einen Umzug vorbereitest, irgendwas passiert immer. Fakt ist, dass dieser Umzug so heftig war, dass ich mir schwor, dass es mein letzter sei. Niiie wieder werde ich umziehen. Nee, das schaffe ich nicht noch mal.

Nachdem mir die Hälfte meiner Helfer auf die eine oder andere Art und Weise abhandengekommen waren, engagierte ich auf letzten Drücker ein kleines und vor allem preiswertes Umzugsunternehmen.

„Pünktlichkeit darf man dann wohl nicht erwarten", grummelte ich mir nach einer halben Stunde Wartezeit in den nicht vorhandenen Bart.

„Wir stehen in Stau", sagte mein Handy.

Na toll! Doch irgendwann traf meine kleine Mannschaft ein und es konnte losgehen.

Nett, die Jungs, dachte ich so bei mir. Die konnten richtig gut zulangen und schleppten ohne zu murren und zu knurren, was man an diesem Tag nicht von jedem behaupten konnte. Indes, die wenigen Freunde, die sich doch noch getraut hatten, mir zu helfen, taten ihr Bestes. Und ich war froh und dankbar, dass es sie gab. Mein Billigaufgebot lud und lud den Transporter voll und alle waren in bester Laune. Wir lachten und scherzten. Huch, die

Lampe ist kaputt ... Hahaha, wie lustig. Und ich sagte noch: „Mach den Transporter nicht so voll."
„Hhahhhaahuuuhuuu."
„Och, dem Schrank fehlt plötzlich ein Fuß ..."
„Hahahahuuhuu ... Na, dann muss er wohl lernen, auf drei Beinen zu stehen!"
„Das Glas hat einen Riss, das Bild 'nen Knick und hat jemand den letzten Karton gesehen?"
„Hahhahahiihuu!"
Die Jungs waren richtig gut drauf.
Mir fehlte plötzlich die Kraft, ihnen das auszutreiben. Egal, Hauptsache fertig werden. Raus aus der kleinen Bude, hinein in meinen neuen Palast. Als wir schon ziemlich fertig waren, folgte der verbale Höhepunkt. Ich sag ja immer: „Männer sind doch alle gleich. Egal welchen Alters oder ethnischer Herkunft."
Wir, also mein bosnischer Möbelpacker, sein türkischer Helfer und ich quetschten uns in den Wagen und fuhren den letzten Rest zur Müllkippe, und – ich kann nicht sagen, wie oder warum – kamen plötzlich auf Frauen und ihre Vorzüge zu sprechen.
„Du musst mal mit uns feiern gehen", sagte das Blauauge (ehrlich, ich hatte noch nie einen Bosnier mit so blauen Augen gesehen! Der absolute Hammer, deshalb verzieh ich ihm wohl auch so viel).
„Was willst du denn mit mir alten Tante?", wunderte ich mich.
„Wieso? So alt bist du doch noch gar nicht", schmeichelte er mir.
Ich grinste. „Ich könnte doch glatt deine Mutter sein."
„Hahhhaahhahahuuuhuu."
Der Türke lachte laut auf.
„Ach, Quatsch, du siehst doch noch super aus."
Ich überhörte das NOCH und grinste noch breiter.
„Ich stehe auf reife und etwas ..."
Er machte so eine Handbewegung, die wohl meine Rundungen beschreiben sollten.

Nun grinste ich nicht mehr. Der Türke neben mir lachte dafür noch lauter.

„Wieso steht ihr Kerle eigentlich auf Kurven?“, wollte ich nun wissen.

Die beiden wieherten nun wie Pferde – und ich hatte das Gefühl, gerade den Witz verpasst zu haben. „Echt mal, umso dicker die Titten und der Arsch, umso geiler der Typ“, ranzte ich nun fast beleidigt. „Und wir Frauen hungern uns die ganze Zeit einen ab und haben Komplexe.“

Der Türke dachte wohl, ich hätte einen neuen Scherz gemacht und schlug sich nun auf die Knie vor lauter Lachen.

„Eeey, du bist ja eine“, sagte er im besten gebrochenen Deutsch. *Jau*, dachte ich mir. *Ich bin ja Eine! Tzzztzzzt.* Doch die beiden hatten Spaß und kriegten bei dem Gedanken, den man ihnen förmlich ansah, richtig runde Augen. Und wer weiß, was sonst noch.

„Eine Frau muss halt was zu bieten haben.“

Es folgte die obligatorische Handbewegung im oberen Bereich des Körpers.

„Is' klar“, gab ich schon fast auf, „und 'nen dicken Hintern. Da kann Mann sich richtig gut dran festhalten“, sagte ich ironisch.

Doch das Blauauge und der Türke hatten wohl noch nie was von Ironie gehört und lachten wieder. Sie stießen sich gegenseitig in die Rippen und grölten.

„Nur zeigen wollt ihr euch lieber mit den dünnen Hippen. Das gehört zum Image. Es könnte euch sonst jemand fragen, was ihr mit der Dicken da wollt.“

Ich starrte hinaus aus dem Fenster und versuchte, meinen Zorn zu unterdrücken.

Die beiden bemerkten meinen Groll nicht. Zu froh und zu heiter war ihre Stimmung. Angeheizt von den Schlagworten (na, ihr wisst schon ... ich will das jetzt nicht schon wieder aussprechen. Sonst heißt es hinterher noch, dass ich so eine Verbalerotikerin bin.), wurden die zwei immer offenherziger.

„Ist doch geil, wenn eine Frau 'nen dicken Hintern hat. Fürs Bett ist die doch viel wärmer", gab nun auch der Türke zu.
Stimmt, dachte ich so bei mir. *Bei einer Dünnen im Bett ist es immer kalt. Die frieren ja auch ständig und stecken ihre kalten Zehen unter die Bettdecke des Mannes. Und Dicke? Dicke schwitzen wie die Schweine, oder was?* Mir brach vor Wut der Schweiß aus.
„Jungs, jetzt mal ehrlich. Das sind doch alles Klischees." Achtung! Fremdwort! Die beiden lachten nun nicht mehr. „Mir ist manchmal kalt und mal ist mir total warm. Äääh ... Ich meinte, manchmal bin ich eher die Kühle und dann bin ich wieder total heiß!!!"
Kreisch ... die beiden prusteten los.
„Das ist doch unser Reden. Hhahhahaahiihuuuhuu."
Ich gab's auf. Wir erreichten sowieso gerade den Wertstoffhof und entledigten uns des Sperrmülls!
Gerne hätte ich den Wortwitz auch hiergelassen. War jedoch nicht möglich! Manchmal musst du den ganzen Müll mit nach Hause nehmen. In meinem Fall hieß das dann eben: ungezogen umgezogen!

Die kleine erotische Geschichte

Es war einmal eine kleine Geschichte, die steckte voller Finesse und Wortklang. Sie war zwar klein, aber sie enthielt sehr viel Poesie und Liebe. Doch das reichte der kleinen Geschichte nicht. Sie wollte ein echter Reißer sein, eine Titelstory, ein Abenteuer, ein anzügliches Werk ohne den Anspruch auf große Literatur. Sie wollte begeistern und manches oder manchen bewegen, wie es nur eine erotische Geschichte vermochte.

Aber die kleine Geschichte wusste nicht, wie sie es anstellen sollte. Also putzte sie sich den Einband, bis er glänzte und mit dem Licht um die Wette strahlte. Doch die Leser gingen an ihr vorbei, ohne sie eines Blickes zu würdigen. Das ärgerte die kleine Geschichte so sehr, dass sie beschloss, etwas zu tun, was sie sonst nie tun würde und noch nie zuvorgetan hatte: Sie legte sich auf den Rücken, spreizte ihren Buchdeckel, so dass jedermann ihre hellen und knospenzarten Blätter sehen konnte. Ihre Buchstaben sprangen schwarz empor und rekelten sich unter dem Licht. Als ein kleiner Windhauch durch den Raum drang, ließ sie die Seiten rascheln und schlug sie kokett eine nach der anderen um.

Da lag sie nun, die kleine Geschichte. Offenherzig und abwartend, dass jemand kam und sie nahm, so wie es nur ein echter Leser schlüpfriger Literatur tun konnte. Doch so sehr sie sich auch entgegenstreckte, ihre Buchstaben leuchten ließ, niemand sah ihre Schönheit, niemand sah ihre Verzweiflung. Als es dunkel wurde, die Nacht hereinbrach, hörte die kleine Geschichte plötzlich Schritte. Sie wagte nicht, auch nur das kleinste Eselsohr zu bewegen, und lag ganz still auf dem Rücken. Gleich wäre es soweit, gleich würde sie aufgenommen und zart gestreichelt werden, bis ihre Seiten glänzten und nach dem Leser rochen, der sie berührte. Sie konnte den Druck der Finger, die über ihre Zeilen glitten, kaum erwarten, ihr ganzer Einband bebte vor Glück! Da, sie kamen nun näher, und als die Schritte ganz dicht am Regal stehenblieben, konnte die kleine Geschichte kaum noch stillhalten. Voller Erregung ließ sie das rote Lesezeichen zwischen ihrer zweiten und dritten Seite aufblitzen, in der Hoffnung, so nicht übersehen zu werden. Doch alles, was sie spürte, war der Ruck, der sie durchfuhr. Sie wurde zugeklappt und zurückgestellt, an ihren Platz in der Reihe. In der Reihe der kleinen Geschichten, die heute niemand mehr las.

Bye bye, Schlampe

Wenn Frauen unter sich sind, geht es schon mal hoch her – oder vielmehr heiß her. Wir reden nicht nur über Gott und die Welt, sondern gerne auch mal über nackte Tatsachen. Ungeniert plaudern wir mit Freundinnen und geben Lüsternes und Pikantes preis, was wir keinem Mann gestatten würden. Wenn wir ehrlich sind, ist doch jede neben ihrem sonst so züchtigen Leben auch gerne schon mal eine Schlampe. Die bewundernden Blicke der Freundinnen garantiert! Mit wachsendem Alkoholpegel werden die Geschichten verruchter. Selbst die harmloseste Hausfrau und Mutter weiß ein dreckiges Geheimnis zu lüften, und die anderen schmeißen sich auf jedes geile Detail, um es sich fürs nächste Stelldichein zu eigen zu machen. Wir legen unsere so sorgfältig aufgetragenen Masken ab und werden zu Frauen, die wir im realen Leben vermutlich nicht kennen würden. Für einen Moment vergessen wir, dass wir doch eigentlich ganz anders sind. Niemals sollte einer auch nur sagen, wir wären sooo eine ... Um Gottes willen! Dem würde man ... aber mal so richtig ...

Wenn wir so entfesselt unsere geheimsten Wünsche offenbaren, ganz ohne Scham, fühlen wir uns frei und losgelöst von den selbst auferlegten Zwängen. Hemmungslos wird nicht nur über Aussehen und Größe diskutiert, sondern vor allem über das, was uns guttut. Genuss ohne Reue, für diesen einen Augenblick. Denn viel zu kurz sind diese Ausflüge in unsere Safety-Zone. In der wir so sein können, wie wir wollen. Und den Gedanken, dass man sich eigentlich schämen müsste, schütteln wir ab für diese Zeit. Wie Urlaub von uns selbst fühlt es sich oft auch an. Doch irgendwann ist Schluss damit. Wir suchen mühsam unsere Tugend und Sittsamkeit zusammen und ziehen sie über wie einen Mantel, bevor wir das Haus verlassen. Wehmütig nehmen wir Abschied ... Bye, bye, Schlampe! Hallo, Unschuldslamm!

Die Froschprinzessin

Ich gebe es ja nur ungern zu, aber ich bin Single. Mittlerweile macht mir mein Status aber keine Kopfschmerzen mehr, ich habe mich damit abgefunden. Vermutlich bleibe ich auch für immer alleine. Wer weiß das schon? Das klingt jetzt ein wenig traurig, aber Leute, ich sage euch, ich bin nicht traurig. Ich bin im höchsten Maße desillusioniert!
Das war natürlich nicht immer so. Denn auch wenn mir das Leben oft schon gegen die Kniescheibe getreten hat, war ich bisher ein Stehaufmännchen, eine Ausgeburt an Hoffnung und Frohsinn. Solange, bis ich dachte, es wäre an der Zeit, meinem Status ein anderes Label zu verpassen. Für immer Single? *Wer will das schon?*, dachte ich mir vor ein paar Monaten. Ich habe so viel in meinem Leben geändert, warum sollte ich eigentlich alleine bleiben? Das alte Leben war abgefrühstückt und längst verdaut, da war es doch an der Zeit, mal etwas Neues zu wagen.
Ich überlegte mir, wie ich an das Projekt herangehen wollte. Ausgehen und an der Theke nach Bekanntschaften Ausschau halten, das war wirklich noch nie mein Ding. Ich flirte gerne, keine Frage. Aber mir fehlt wohl dieses gewisse Etwas, die Haifischflosse, die ich in dem großen Meer der Singles wohl nötig hätte. Schließlich war ich nicht mehr taufrisch und konkurriere mit „jung und knackig“ um die Wette. Da braucht man schon etwas mehr Biss, als ich zu bieten habe.
Ich wählte daher die viel beworbene Online-Strategie. Schließlich hatte ich Ehemann Nr. 2 ja auch auf diese Art und Weise gefunden. Das hätte mir eigentlich zu denken geben müssen. Aber ich ignorierte den Umstand, dass dieser sich als Fehlgriff entpuppt hatte, damals schon zu spät, und anscheinend hatte ich bis heute nichts daraus gelernt. Ich erstellte mir also ein Profil bei einer

kostenlosen Börse. Denn die Schmach, auch noch Geld für meine Einsamkeit zu bezahlen, war ich nicht bereit hinzunehmen. Schlimm genug, dass es eine ganze Dienstleistungsarmee gab, die darauf spezialisiert war, das Loch in meinem Herzen zu füllen oder wahlweise ihren Geldbeutel. Ich dachte zunächst, ich sei aus der Übung, und überlegte eine Zeit lang, was ich wohl von mir preisgeben könnte. Was war interessant genug an meinem Leben, dass es jemand Wildfremden interessieren könnte? Hinzu kam die Überlegung, wie ich mein Antlitz möglich vorteilhaft beschreiben konnte, ohne lügen zu müssen. Man muss ja auch nicht gleich mit der Wahrheit wie ein Bulldozer alles niedermetzeln. Ich suchte also die schönsten Fotos von mir heraus, lud sie mit rasendem Herzschlag hoch und verfasste einen witzig-spritzigen Text dazu.
Noch am gleichen Abend bekam ich gleich mehrere Antworten. Auch wenn einige mehr als fragwürdig waren, genoss ich die Aufmerksamkeit und plauderte ungezwungen drauflos.
Nach einer ganzen Woche hatte ich das Feld soweit sondiert und die Spreu vom Weizen getrennt, dass ich mich auf mein erstes Date einließ. Klaus, 48J, aus der Nachbarstadt, wollte mich auf einen Kaffee in eines dieser anscheinend extra dafür gebauten Gastro-Blockhäuser einladen. *Warum nicht?*, dachte ich mir. *Da sind wir in der Öffentlichkeit und mir kann dort nicht passieren.* Wir hatten mehrmals zusammen telefoniert. Er klang ruhig und gelassen und hatte einen feinen Humor, den ich sehr schätzte. Auf dem Bild, das er mir schickte, sah ich einen schlanken Mann in den Vierzigern, der lässig am Urlaubsort mit Shorts und Hawaiihemd am Strand stand und in die Abendsonne lächelte. Sportlich sei er von jeher gewesen, Fußball sei sein großes Steckenpferd. Ich freute mich also auf den Abend und eine gepflegte Unterhaltung.
Als ich die Lokalität betrat, ließ ich meinen Blick umherschweifen, doch ich konnte Klaus nicht entdecken. Ich reckte also den Hals und ging ein paar Schritte, als ich aus der hintersten Ecke

(ihr kennt das, ne? Es gibt in diesen Buden immer so eine hinterste Ecke, wo es schön schummrig ist und der Kellner nie hinfindet.) einen Arm hochschnellen sah. Dahinter ein breites Grinsen in meine Richtung. Da sich sonst niemand zu erkennen gab, ging ich auf den Mann zu. Ein kleiner, untersetzter Stoppelhopser, mit spärlichem Haupthaar und Doppelkinn sprang vom Stuhl auf und umarmte mich freudig.
„Hallooo“, begrüßte er mich und küsste mich auf beide Wangen.
Ich war so perplex, dass ich mich gar nicht wehren konnte. Ich starrte ihn an und versuchte, ein Wort rauszubringen.
„Nun setz dich doch“, sagte er mit glänzenden Augen.
Ich sah ihm förmlich an, dass er dachte, er hätte 'nen super Schuss gelandet. Ich, immer noch perplex, ließ mich auf den Stuhl fallen. Ich musste mein Gegenüber erst mal sacken lassen. Wo war denn der sportliche Fußballer, der gerne im Sonnenuntergang am Meer spazieren ging? Ich sah nur einen verbrauchten, alten Familienvater, den das Leben schon reichlich ausgelutscht hatte.
Klaus hingegen kriegte sich gar nicht mehr ein und begann gleich, mich totzulabern. Wie er sich doch gefreut hätte, dass ich mich mit ihm auf einen Kaffee treffen wollte. Und was für eine tolle Frau ich doch sei. Und sooo intelligent und lieb und was weiß ich noch alles. Er hätte sich sofort in mich verliebt. Und was ich denn am nächsten Wochenende tun würde. Ich ließ seine Worte über mich hinwegspülen und suchte nach einem Ausweg aus der Situation – und natürlich aus dem Gebäude. Als der Kellner dann doch kam, sah ich meine große Chance.
„Wir möchten zahlen.“, sagte ich hastig, noch bevor er fragen konnte, was ich denn trinken wolle.
„Aber du hast ja noch gar nichts bestellt …“, meinte Klaus verdutzt.
„Da hast du aber Glück“, antwortete ich. „So ist's viel billiger für dich.“
Ich stand auf, reichte ihm die Hand und ging.

Nie hatte ich mich mehr verarscht gefühlt als dort in diesem Kaffeetempel. Klaus ließ es sich natürlich nicht nehmen und schrieb noch am gleichen Abend einen bitterbösen Kommentar in sein Profil, nicht ohne auch meinen Namen zu erwähnen.

Ich bedauerte ihn ein klein wenig und beschloss, es vorerst sein zu lassen. Vielleicht war ich doch nicht für diese Online-Welt gemacht. Rückblickend muss ich sagen, dass ich recht behalten sollte. Denn auch wenn ich zwei, drei weitere Versuche in diese Richtung unternahm, es lief immer auf das Gleiche hinaus.

An dieser Stelle grüße ich: Träumer63, der tatsächlich dreiundsechzig ist und nicht zweiundfünfzig, wie ich zu Unrecht annahm. Und der wahrscheinlich bis an sein Lebensende davon träumen wird, die Richtige zu finden. Und Schalkerjung, der vergessen hatte, dass er verheiratet war. Vermutlich, weil er zu oft ins Stadion rannte und mit seinen Jungs einen saufen ging. Da konnte man schon mal Frau und Kind zu Hause vergessen.

Apropos vergessen: ein kräftiges Hallo auch an die Don Johnsons, Brett Pitts und George Clooneys der Singlewelt … ihr seid nur halb so toll, wie ihr glaubt, und uns Frauen interessieren weder eure Genitalgröße noch euer Bizepsumfang. Hättet ihre eure Kontonummer angegeben, hättet ihr wenigstens bei den einschlägigen Damen Erfolg gehabt.

Mein Fazit: Egal wie viele Zitronen mir das Leben austeilt, ich scheiße auf die verkackte Limonade! Ich bleib allein. Was soll's?!

Dein Lächeln

Jetzt liegst du hier neben mir, die Augen noch geschlossen, mit diesem entzückenden Lächeln. Du siehst so zufrieden aus. Ich möchte dieses fantastische Lächeln kopieren, es hundertfach ausdrucken und mir überall hier an die Wände hängen. Wenn ich dann morgens aufwache, lächelst du mir entgegen, und ich werde durchflutet von dieser Wärme, die du ausstrahlst. Eine Welle von Geborgenheit ergreift mich dann ... ein sagenhaftes Gefühl. Ich liege da, schaue dir beim Schlafen zu und scanne dein Gesicht Zentimeter für Zentimeter. Mehr traue ich mich nicht. Ich lasse den Rest lieber verborgen unter der Decke schlummern. Welch schöne Wimpern du hast. Ultralang und dunkel, da könnte ich neidisch werden. Und wie sie leicht flattern, wie Schmetterlingsflügel ... so was Zartes in deinem sonst so harten Männergesicht. Ich liebe das kleine Grübchen am Kinn, das ich prompt küssen möchte. Nun ist es fast vollständig von Bartstoppeln bedeckt, die mich immer so kitzeln und mich zum Lachen bringen ... und deine krumme Nase, die zu dir gehört wie der Rest. Nein, mit einem Geier hat das wirklich nichts zu tun, wie könnte es auch, dafür bist du viel zu schön.

Da, jetzt habe ich es gedacht! Ich wusste lange gar nicht, wie ich es umschreiben sollte, dabei ist es doch ganz einfach: Du bist schön! Dein dunkles Haar, das seidig glänzt, ganz ohne Gard oder Vidal Sassoon ... und deine Augen! Wie zwei Scheinwerfer, die in mein Innerstes leuchten und mich erhellen. Jetzt hast du deinen Kussmund leicht geöffnet und mir stockt der Atem. Diesen tollen, sinnlichen, sexy Mund habe ich geküsst? Ich kann es gar nicht fassen. Und welche wunderbaren Worte dieser Mund formen kann … die fließen so dahin mit deiner samtenen Stimme ... sie betören mich, verlieben mich. Bevor du aufwachst, riskiere ich noch einen Blick. Nur einmal kurz die Decke lüften, nur einen winzigen kleinen Spalt. Ich trau mich nicht, ich könnte für nichts garantieren. Du schläfst doch so schön und ich liege da und betrachte dein Lächeln!

Chaosquell

Letztens ist mir Folgendes passiert. Ich sitze am Schreibtisch und mache verschiedene Dinge gleichzeitig. Man sagt Frauen ja nach, sie seien multitaskingfähig. Ich schreibe also am Computer eine bitterböse E-Mail an meinen Stromversorger. Nein, nicht wegen den unverschämt hohen Strompreisen. Ich hatte mich über deren Nepper-Schlepper-Bauernfänger-Methoden geärgert und wollte dies nun wortstark und überdeutlich zum Ausdruck bringen. Ich arbeite gerade an einer wohlformulierten, akzentuierten Beleidigung, als mir plötzlich was vollkommen anderes in den Sinn kommt. Frau, die ich nun mal bin, öffne also meine Dateien mit Fotos. Jau, da waren die Bilder von mir und meinem Mann. Uuui, ich wusste gar nicht, dass so eine Kamera auch im Dunkeln so deutliche Bilder schießt. Boooar, was haben wir denn da ...? Ähm, okay, gehen wir jetzt nicht näher darauf ein. Ich schwelge also in fototechnischer Geilheit, und mir wird ein klein wenig heiß bei dem Gedanken an diese Fotosession. Schnell noch ein paar von den Schnappschüssen bearbeitet, da klingelt das Telefon. Ach, Claudi, wie schön. Wir quatschen eine Weile und als mir aufgeht, dass ich spät dran bin, da ich ja noch mein Rezept einlösen wollte, klemme ich den Hörer kurzerhand zwischen Schulter und Ohr ein. Ich hätte ja auflegen können, aber ... ach watt, datt geht schon. Wann kommen wir mal dazu, ein bisschen zu töttern.

Wir telefonieren also in aller Seelenruhe weiter. Ich schreibe noch einen gekonnt-gemeinen Satz an meinen Stromversorger, der mir just während unseres Gesprächs zum Thema „Was Frank letztens mit der Steffi gemacht hat, war ja wohl 'ne Sauerei“ einfällt. Super, das passt! Während sich also Claudi so richtig über Frank auslässt, öffne ich mein Internet, starte mein E-Mail-Programm und beginne, die Adresse des Stromversorgers einzutippen. Ich

füge außerdem noch eine recht unfreundliche Anrede hinzu. Am unteren Bildschirmrand wird mir die Datei als noch geöffnet angezeigt und während wir zu unserem telefonischen Höhepunkt auflaufen – „Steffi sollte den Drecksack echt verlassen. Der ist sooo ein Schwein!“– füge ich die offene Datei ein und drücke auf „Senden“. Ich wimmle Claudi ab und mache mich dann flugs auf zur Apotheke. Booar, was bin ich gut. „Alles geschafft!“, klopfe ich mir innerlich auf die Schulter. Tja, so bin ich halt.
Drei Tage später allerdings erwartet mich mein Mann mit hochrotem Kopf zu Hause und stottert mehr wütend als perplex, was mir denn bitte eingefallen sei. Auf meinen dummdämlichen Ausdruck im Gesicht sagt er: „Wenn du das nächste Mal unsere Pornobilder an unseren Stromversorger schickst, dann sei wenigstens freundlich dabei.“

Das hast du aus mir gemacht!

Ich kann mich noch daran erinnern, wie ich ach so verliebt in dich war – und zwanzig Kilo leichter. Und sag jetzt nicht, das liegt an mir oder daran, dass ich aufgehört habe zu rauchen. Diesen Spruch habe ich schon zur Genüge abgewetzt ... Da draußen ... Wenn Sie mich so komisch ansehen ... Diese schlanken, adretten, viel jüngeren und attraktiveren Frauen. Wenn die mich so mustern, von oben nach unten. Dann möchte ich denen in die Fresse hauen und sagen: „Jaaha, sieh genau hin!!! Wenn du verheiratet bist, dir den Buckel krumm gearbeitet hast, dich die Kinder malträtieren und der Alte dich betrügt ... Jahaaa, dann siehste auch schnell so aus wie ich.“

Aber im Grunde hast du ja recht. Es ist meine Schuld. Du kannst nichts dafür. Schließlich habe ich (!) dich grundlos geliebt. Was konntest du für deine sinnlichen Küsse an der Tür? Ich habe dir wahrscheinlich zu oft stolz auf die Schultern gehauen, dass sie von alleine so breit geworden sind. Warum habe ICH dumme Kuh dir auch dieses tolle Parfüm geschenkt?? Hätte ich mir doch gleich denken können, dass mir das nicht alleine gefällt. Ich hätte dich lieber in Sack und Asche gehüllt, aber NEIN ... ich habe dich umgemodelt, dich chic gemacht. Ich habe mit dir angegeben. Schaut her, was für einen klasse Mann ich jetzt habe – und du bist neben mir herstolziert. Wir waren ein so tolles Paar ... Eine Zeit lang.

Vielleicht habe ich es mir auch zu bequem gemacht?! So neben dir auf dem Sofa, die Fernbedienung in der Hand und die Chips auf dem Schoß. Da fing doch schon alles an. Wir hatten nicht den gleichen TV-Geschmack. Du bist „n-tv“, ich bin „Newstime“, du

bist „Aspekte“, ich bin „taff“, du schaust „Lanz kocht“, ich stehe lieber selbst in der Küche.
Am Anfang fand ich es ja noch süß, die Rangelei um die Fernbedienung. Als ich die Oberhand gewann, wunderte ich mich nicht. Dabei hätten mich deine Augenbrauen erschießen können, so, wie die nach oben schnellten. Aber ICH ... ich sah das alles nicht. ICH war glücklich.

Apropos grundlos: Es hätte mir zu denken geben müssen, als deine Abwesenheit immer mehr zunahm. Denn ich nahm in dieser Zeit auch immer mehr zu. Ich saß alleine auf meinem Sofa, die Fernbedienung in der Hand, die Chips auf dem Schoß, keiner da, der sie mir entreißen wollte, kein komischer Blick, und fraß die Einsamkeit in mich hinein, ließ mich betütteln von deiner Flüchtigkeit: Du hast so viel zu tun, sooo viel Arbeit derzeit und dann die Kinder ...
Ich habe dich einmal gefragt, was du an mir liebst. Da hast du lange geschwiegen und dann zögernd geantwortet: „Wiesoooo? Na eben alles. Der Sex ist doch toll oder findest du nicht?!“
Da hätte ich es wissen müssen. Aber ich hörte nur Sex und wurde schon wieder geil.
Oder ich wollte es nicht erkennen, einfach weghören, sich der Wahrheit verschließen. Schließlich liebte ich dich, und das kann ja auch reichen ... manchmal.

Also, die Kilos, die ich mir durch die ganze flüchtige Chipsesserei angefuttert hatte, ließen mich irgendwann biestig werden. Ich *sach* ja immer, ich war mal 'ne ganz Lebenslustige. Irgendwie ist die Lebenslust mir abhandengekommen. Jetzt bin ich nur noch frustriert. Kein Wunder ... habt ihr mal versucht, euch mit latentem Übergewicht eine Jeans zu kaufen? Da kann man ja nur frustriert bei werden. Zu enge Kabinen, die nach Fuß riechen, Neonbeleuchtung und 'ne Verkäuferin, die einem das Modell „Wurst-

pelle“ aufschwatzt. Hosen, die am Oberschenkel kleben bleiben, treiben mir die Röte ins Gesicht. Vor Wut und vor Hitze. Das ist auch so eine Sache: Hitzewallungen ... *So watt* hatte ich früher nicht. Scheiß Chips!
Und was macht Frau dann, wenn sie keine Jeans kriegt, aber stattdessen Hitzewallungen? Sie kauft Schuhe!
Könnt ihr euch vorstellen, wie viele ich davon besitze???

Ich habe mal versucht, ihn mit meinen Frustkäufen zu beeindrucken. Wie das geht, fragt ihr euch jetzt? Ich habe eine ganze Flasche Sekt getrunken und dann Pretty Woman gespielt.
Ich habe mich nackt ausgezogen und hatte nur ein paar Stilettos an den Füßen. Na ja ... Ich wurde jedenfalls nicht auf 'nem Flügel gebumst.
Dann ist da noch die Sache mit den Kindern. SEINEN Kindern, versteht sich. Ist ja heute normal, eine Patchwork-Familie zu sein. So nach dem Motto: deine Kinder, meine Kinder, unsere Kinder. Oookay, ich habe jetzt keine Kinder und wir haben auch keine gemeinsamen ... Ich fühle mich aber trotzdem irgendwie Patchwork. Bei uns ist das wohl eher so: seine Kinder, meine Probleme, unser Streit.
Ich bin ja schon einen Tag älter und komme aus einer Generation, wo man den Alten noch gehorcht hat. Das ist ja heute nicht mehr so. Heute musst du deine Kinder fragen, wie sie das sehen, ob sie auch mit deinem Handeln einverstanden sind und ob sie eventuell vielleicht auch das tun möchten, was du von ihnen willst. Mein Vatter hätte mir einen auf den Kopp gehauen und gesagt: „Beim nächsten Mal ohne Vorwarnung!“

Zurück zu dem, was du aus mir gemacht hast. Wie gesagt, ich war mal total lebenslustig. So Sachen wie Eifersucht, Heulkrämpfe und Depressionen kannte ich vor dir nicht. Heute fühle ich mich oft wie Naomi Campbell zu ihrer Blütezeit. *Isch* könnte dann so richtig ausrasten!!!

Wenn wir zum Beispiel in einer Bar sitzen und du der Dame neben dir galant den Platz an der Theke anbietest, dann mutiere ich zu etwas, das einen Buckel hat, mit so einem zusammengekniffenen Auge und einer brutal schrillen Stimme. Ich möchte dann über sie herfallen, ihr an den Haaren ziehen und ihr ins Gesicht schleudern: „DAS ist MEIN Mann! Verstanden?!"

Ich erkenne mich dann selbst nicht wieder. So war ich doch früher nicht. Ich war ausgeglichen, nett und freundlich ... nicht so ein Zombie.

Manchmal, da stehe ich vor dem Spiegel und sehe darin nur eine Fremde. Und dann erinnere ich mich schwach, wie ach verliebt ich in dich war ...

und zwanzig Kilo leichter.

Liebeskummer

Liebeskummer lohnt sich nicht, my Darling, sang bereits Siw Malmkvist und hatte recht damit. Aber kluge Worte helfen einem nicht, wenn man mittendrin steckt. Wenn der Schmerz einen auseinanderreißt und man in die Kissen heult. Von Zeit zu Zeit spürt ihn jede Frau, jede sicher anders, aber wir tun fast alle das Gleiche.

Wir schauen uns stundenlang romantische Filme an, zerren die alten Fotos aus dem Karton und betrachten uns, als wir noch glücklich mit ihm waren. Wir schwelgen in Erinnerungen, in Momenten des Glücks. Dann heulen wir uns die Augen dick, und wenn wir dann in den Spiegel sehen, sind wir der Meinung, dass es ja kein Wunder ist, dass es ja so kommen musste. Wir finden uns zu dick und zu hässlich, jede Pore wird zum Drama, und als ob es nicht schon schlimm genug wäre, holen wir auch noch den Dreifach-Vergrößerungsspiegel heraus, um sie zu untersuchen. Wir legen „unsere" CD auf und dudeln immer und immer wieder das gleiche Lied. Wir betrinken uns und singen lauthals mit und bölken, wenn der Nachbar an die Wand klopft. Wir schreiben schwülstige Liebes-SMS voller Rechtschreibfehler, denn betrunken tippt es sich so schlecht, und bedauern nächsten Morgen, dass wir sie abschickten. Und bedauern noch mehr, dass wir keine oder die falsche Antwort bekamen. Oft leben wir nur von Moment zu Moment und glauben, niiie wieder glücklich sein zu können. Irgendwann werden wir zornig und verfluchen den Tag, an dem wir ihn kennenlernten. Wenn sich die Wut so richtig schön in uns breit gemacht hat, dann werden wir zu Racheengeln, die es krachen lassen. Wir nehmen zehn Kilo von den fünf zugenommenen wieder ab, verpassen uns eine neue Frisur und gönnen uns die schärfsten Klamotten seit Guccis Geburt. Wir fahren zweimal am

Tag ganz aus Versehen bei ihm vorbei – und falls wir ihn treffen, dann sehen wir geil aus und fühlen uns auch so. Wir sind übertrieben gut drauf und fühlen uns sexy, wir reißen fremde Typen auf und haben wilden Sex mit ihnen. Danach lassen wir sie links liegen, wo sie gerade liegen, und es kräht kein Hahn danach. Wir wünschten uns dann, dass wir schon vor langer Zeit so drauf gewesen wären. Denn dann wäre alles ganz anders gekommen, ganz bestimmt. Wir spionieren die NEUE aus und schießen gezielt gegen sie. Wir verbreiten Gerüchte über uns und über ihn und hassen uns dafür, dass wir so schwach sind. Wir schmieden gemeine Pläne mit den Freundinnen und lästern, was das Zeug hält. Wir ignorieren den Umstand, dass ER schon wieder glücklich ist, und versuchen, ihn zu übertrumpfen, was uns niemals gelingt. Dann irgendwann, da geben wir auf und trauern ganz still und heimlich und streiten es ab, so oft es geht. Eines Tages stehen wir auf und es tut gar nicht mehr weh, wir lachen und sind frei und merken es nicht einmal. Irgendwann ist da jemand Neues, der uns den Kopf verdreht. Bevor wir begreifen, was gerade mit uns passiert, ist er vorbei, der Liebeskummer. Den hatten wir eh schon längst vergessen, den einen Morgen, als wir aufstanden und wir wieder atmen konnten und unsere Gedanken frei waren und wir summten: *Liebeskummer lohnt sich nicht my Darling ...*

Weiber!

Wir Frauen sind ja albern, ne?! Wenn wir zusammenhocken, so mehrere Frauen auf einen Haufen, dann sind wir ganz schnell dabei. Nicht nur nach fünf Sekt. Neee! Wir haben das Programm auch ohne Alkohol drauf. Da braucht man uns nur zusammensperren.

Neulich war's mal wieder so weit. Es war 'ne Party angesagt und wir haben uns bei einer Freundin getroffen. Schon ging's los: Na, wie geht's? Watt machst'e so? Watt gibt's Neues an der Singlefront?

Boooar, ich hasse das Thema ja eigentlich. Ist ja schön und gut, mit dem Alleinsein, aber man muss das ja auch nicht ständig so betonen oder sich ewig rechtfertigen, oder? Also, ich weiß auch nicht ... Ich will ja, aber das Leben sagt immer: „NÖ!"

Ich bin ja jetzt online unterwegs! Ist toootal lustig.

„Warum machst *du* das eigentlich nicht?", will ich nun von der Freundin wissen.

Die verzieht das Gesicht: „Neee, ich will lieber gefunden werden!"

Ich muss lachen, wer will das nicht?!

„Dann hätte ich dir ja letztens zum Geburtstag besser so'n T-Shirt mit der Aufschrift ‚Hier bin ich!' gekauft. Oder, weil ich ja ein Internet-Junkie bin, hätte ich dir besser gleich eine Website gebaut: www.wo-ist-manu.de. Da kann man dann deinen Start und Endpunkt eintragen, für die ganz Doofen unter den Männern."

Wir lachten. Steilvorlage! Manu sinniert: „Datt wäre ja wie beim Geocaching, also ein Single-Caching sozusagen!"

Gegröööle am Tisch.

„Jau", sag ich, „und du hockst dann auf dem Baum und rufst: ‚Surprise, surprise!', wenn jemand kommt."

Wir haben alle Kopfkino und lachen jetzt noch lauter. Wir steigern das Ganze bis ins Unermessliche, spinnen rum, wie man sich am besten finden lassen könnte, und stellen auch hier fest, dass wir alt werden, denn die Welt funktioniert plötzlich sooo anders.
„Früher in der Schule haben wir gegibbelt und haben getuschelt: „Guck mal, der hat geguckt.“ Heute heißt es eher: „Guck mal, der hat geklickt.“
Wir haben Spaß.
„Nee“, sagt Claudia, „datt Ganze mit dem Geocaching, datt is nicht meins. Ich finde doch so schon nicht den Weg. Egal, wo ich starte, ich ende immer bei IKEA. Ich würde den Single nicht mal finden, wenn der mir 'nen Stock zwischen die Beine wirft.“
Apropos Stock: Was ist eine Survival-Diät? Nur ein Buschmesser und ein Stock zum Wölfe-Abwehren! Ich sag ja: Weiber!

Die eine erzählt alte Geschichten von früher. Was man nicht alles erlebt hat und was man früher sooo viel lockerer sah. Mal ehrlich, Mädels, heute ist uns doch schon ein Rumoren im Bauch peinlich. Wenn dir, wie mal meiner früheren Arbeitskollegin, mitten bei Deichmann, im Winter, beim Stiefelanprobieren, mit hautengen Jeans … also, wenn dir da, mitten im vollen Laden, während du dich da so nach vorne beugst, um die elend engen Stiefel über die dicken Waden zu zerren ... ne? … also, wenn dir da mal ein Furz entgleitet, da schämst'e dich heute doch zu Tode! Wo ist da die Burka, wenn man sie mal braucht?! Aber früher? Kerr, da biste auch schon mal nach 'ner Party auf einem vollgepissten Sofa voller Katzenhaare in einer Punk-WG wach geworden. Da haste du einfach Kaffee mit Klopapier gekocht, weil keine Filtertüten mehr da waren. Und auf so 'nem Punk-WG-WC haste Krankheiten gekriegt, da wusste selbst das Seuchenamt in Berlin keinen Rat mehr. Aber phhhh, egal!

Irgendwann stellen wir fest, dass wir nur noch über früher reden, was uns noch älter werden lässt. Wir lachen noch ein bisschen und sind ein wenig albern, aber nicht mehr so sehr ...

Die Realität hat uns wieder!

Was Frau nicht braucht oder:

Wie ich in dreißig Minuten zur grauen Eminenz wurde

Ich fühle mich manchmal wie eine Insel und mein Name ist Chaos-Island. Das kann doch nicht sein, dass mir immer so komische Sachen passieren! Ich bin „Murphys Gesetz“ auf zwei Beinen, eine unfreiwillige Komödiantin des Alltags, ein Lachgarant, der anderen die Tränen in die Augen treibt. Wie erfrischend ist es, gelegentlich mal von anderen zu hören, was ihnen so Abgefahrenes passiert. Da bin ich ganz egoistisch. Mit einem Anflug von Schadenfreude genieße ich den kurzweiligen Besuch in das Grauen meines Alltags.

Neulich erzählte mir meine liebe Ex-Nachbarin, was ihr auf dem Nachhauseweg passiert war: mittlerweile nur noch auf zwei statt auf vier Rädern unterwegs und das, aus welchen Gründen auch immer, auf einem generalüberholten Roller, den sie ganz neu – na ja, also eben nicht mehr ganz neu – erstanden hatte. Und wer jemals motorisiert unterwegs war, der weiß Folgendes: Ohne Zündschlüssel passiert nix – aber auch gar nix. Dumm nur, wenn man zu Hause mit aufheulendem Motor vorfährt, nur um dann festzustellen, dass man keinen Zündschlüssel mehr hat, um den Motor auszuschalten. AUSZUSCHALTEN!!! Tja, du wirst als Frau manchmal echt vom Leben gebeutelt. Wenn du dann auch noch alleine – also Single – bist, fühlt sich das dann auch noch an, als hätte dir jemand in den Magen geboxt. Was also tun, wenn keine Hilfe in Sicht ist, der Motor läuft und läuft und du keinen beschissenen Zündschlüssel hast, um das olle Ding auszuschalten? Ich meine, man kann ja nicht einfach absteigen und in seine Wohnung gehen, sich Essen machen, 'nen Film schauen und sich dann schlafen legen, nur um am nächsten Morgen frisch geduscht das Haus zu verlassen und, „Oh, wie schön, der Motor ist ja schon warm“ flötend, auf das verkackte Ding zu steigen und loszufahren. So viel Sprit hat ja auch keiner! Wir Frauen sind dann erfinderisch. Man nehme einfach einen anderen x-beliebigen Schlüssel und stochere damit vollkommen hysterisch, fast panisch in dem verflixten Zündschloss herum. Nicht ohne laut zu bölken, dass man den Verkäufer des „generalüberholten“ Rollers töten, töten, töten wird. Aber nicht, ehe er seine eigenen Eier gefressen hat.

Auch besitzt eben diese Nachbarin kleine, knuddelige Tiere, die ihr Leben bereichern sollen. Und weil sie so ein großes Herz hat, hat sie mittlerweile zwei Hunde und zwei Katzen, die wirklich sehr süß sind ... und verrückt.
Mein Lieblingstier ist eine Katze namens Coco. Eigentlich nach Coco Chanel, doch ich habe sie mittlerweile Coco Loco getauft, weil diese Katze mehr als irre ist. Sie ist eine richtige crazy Cat! Klar, dass sich das Tier einer anderen Verrückten, also mir, sehr verbunden fühlt. Da sind wir Frauen alle gleich, Mensch wie Tier. So kratzte Coco bei jeder sich ihr bietenden Gelegenheit die Kurve und taperte durchs Treppenhaus zu mir nach oben, miaute dann herzzerreißend vor meiner Tür, und manches Mal hörte ich sie sogar gegen die Tür klopfen. Wann immer ich es bemerkte, ließ ich sie herein. Es fing ganz harmlos an. Erst blieb sie mal für eine kurze Stippvisite, später bekam sie einen Wassernapf, dann einen Fressnapf hingestellt. Doch wo was reingeht, muss auch wieder was raus. Deshalb bekam sie irgendwann auch feierlich ihr eigenes Katzenklo. Eines, das sie sich nicht mit der anderen Katze teilen musste. Schon nach kurzer Zeit bekam ich den Eindruck, dass Coco ihr großes Geschäft den ganzen Tag einbehielt, nur um gegen Abend schnell nach oben zu kommen, um mir genüsslich und vor allem ungestört die Bude vollzukacken.

Irgendwann ergab es sich, dass Coco auch über Nacht blieb. Eine richtige Schmusekatze, die sich winden konnte wie ein Wurm. Das traf auch mein armes Frauenherz. So lagen wir gemeinsam auf der Couch und schmusten und schauten zusammen fern. Bis Coco des Nachts auf die Idee kam, dass jetzt die Zeit sei, um mit ihren klitzekleinen Katzentatzen auf mir herumzustampfen. Auf allen weichen und völlig empfindlichen Körperteilen trat sie wie ein Berserker. Ihr Schnurren schien mich zu verhöhnen.
„Streichel mich! Streeeichel miiich!"
Was? Jetzt? Um 02:35 Uhr? Ratet mal ... Ich habe dieses kackende, trampelnde, wie ein Traktor schnurrende Katzenvieh bis morgens um fünf Uhr extrem-gestreichelt. Zum Dank hat sie mir vor lauter Wonne, auf den einzigen Teppich, den ich besitze, gekotzt.
Meine liebe Ex-Nachbarin sagte irgendwann mal: „Wenn Coco könnte, würde sie bei mir die Koffer packen und bei dir einziehen. Was macht die bloß, wenn du nun bald ausziehst?"
Ich dachte kurz darüber nach. – Mir fiel ein, wie ich mit Coco einmal, eigentlich mehr unfreiwillig, Auto gefahren war. Ohne Katzenkorb und ohne Sicherheitsgurt, einfach nur so. Und ich antwortete: „Setz sie doch einfach in die 301 und sag mir Bescheid, wann ich sie abholen soll."
Ich warte auf den Tag, an dem sie es wahr macht.
Auch geil fand ich eine Aussage meiner Stammtischfreundin. In einer melancholischen Stimmung, zwischen Hauptgang und Dessert, nach drei Absackern und etwas aufgepeitscht von unserer vorherigen Diskussion über Schönheits-OPs, tat sie kund, dass IHR Mann vermutlich der wahre Highlander sei.
„Wieso ist dein Mann der Highlander?", fragte ich verwundert.
„Ich weiß auch nicht. Immer, wenn ich in den Spiegel schaue, bemerke ich, dass ICH von Tag zu Tag älter werde, doch er sieht immer noch so jung aus wie an unserem ersten Tag."
Tja, so kann's gehen. Sie hatte wenigstens einen Mann – egal, wie alt sie aussah. Ich hingegen wollte mich für ein Date, das ich nach

langer, laaanger Zeit mal wieder hatte, so richtig aufrüschen. Duschen, von Kopf bis Fuß rasieren, massieren, cremen und einduften. Und natürlich noch schnell den dunkelgrauen Ansatz beseitigen, der Zeuge meines wahren Alters war. Dumm nur, wenn man ausgerechnet dann auf die Idee kommt, ein neues, vielversprechendes Mittel einzusetzen. Du hast kaum noch Zeit, du färbst die Haare, du wäscht dir das stinkende Zeugs aus und der Moment, in dem du vor dem Spiegel stehst und das Handtuch vom Kopf entfernst, kann manchmal lebenseinschneidend sein.
Manchmal dauert es wirklich nur dreißig Minuten, bis du das Gefühl hast, dass von deinem Rest-Sexappeal bloß noch genau so viel übrig ist, dass du damit einen Platz in der Straßenbahn angeboten bekommst. Ich war in dreißig Minuten zur grauen Eminenz mutiert und hatte in vierzig Minuten ein vielversprechendes Date. Kann im Leben noch mehr schiefgehen?
In jenem Moment hätte ich gerne mit dem Roller getauscht!

Der Preis, den man zahlt

Wer ist mit sich und seinem Körper zufrieden? Hände hoch!!! Und wer nicht? Glückwunsch an alle, die es sind. Wie viel habt ihr dafür getan? Was hat es euch gekostet? Das ist ja leider immer die Frage, was einen das kostet: die Figur, die Frisur, das Leben ... Das Leben kostet uns den Tod, da sind wir uns alle einig. Das ist der Preis, den wir alle am Ende zahlen. Aber wie viel kostet uns das Leben vorher?

Ich nenne mal ein Beispiel: Jede von uns war bestimmt schon mal in einer unglücklichen Beziehung und weiß, welchen Preis man dafür zahlen muss. Mal sind es die Nerven, die man verliert, oder auch schon mal das Gewissen. Oder einfach nur die Anwaltsgebühren, die man blechen muss. Nicht, dass ihr jetzt meint, in einer glücklichen Beziehung lebt man gratis … Neeein! Die Paare zahlen auch dafür. Schließlich muss man für so eine glückliche Beziehung ja auch einiges tun, sonst war sie die längste Zeit glücklich. Jede Frau geht das natürlich anders an. Die eine treibt Sport wie verrückt, um immer noch knackig zu sein, die andere ist besonders aufmerksam und verrenkt sich den Hals für den Liebsten. Immer schön lieb, nett und adrett. Oft bekommt man dann Kinder ... und die sind der höchste Preis, den man im Leben zahlen kann, wenn auch einer, den man gerne bezahlt. Jaahaa, die Mamas nicken jetzt eifrig, gell?! Aber mal ehrlich: Was hat euch dieses Glück letztendlich gekostet? Die Figur, die Freizeit, die Libido, zumindest am Anfang. Ich will das jetzt auf keinen Fall schlechtreden. Ich finde Mütter ganz toll, jeder sollte eine haben. Das sind ganz besondere Menschen, solche Mütter. Die genießen meine Hochachtung, weil ich ihren Wert anerkenne und den Preis, den sie dafür zahlen mussten.

Aber zurück: Wir halten also fest, dass uns alle das Leben so einiges kostet. Ich befasse mich ja unter anderem mit dem Thema Älterwerden. Das liegt vermutlich daran, dass ich mitten in dieser „Midlife-Crisis“ stecke. Ich hatte das ja lange für einen Mythos gehalten, den sich fette, alte Männer ausgedacht haben, um ihre dummen Eskapaden zu rechtfertigen. Nun stecke ich anscheinend selbst in diesem Mythos. Ich kann euch sagen, so eine Midlife-Crisis ist ein böses Ding. Die sitzt in der Ecke und wartet nur darauf, dass ihr einen schwachen Moment habt und mal nachlasst. Und ZACK, schon hat sie den Fuß in der Tür. Die Krise setzt sich dann besonders gerne auf deine Schultern und flüstert dir so gemeine Sachen ins Ohr, die dich fix und fertig machen.
Zum Beispiel: „Du bist zu FETT!!! Aber friss doch ruhig weiter, ist ja keiner da, den's stört!“
Oder: „Hey, wann hast du eigentlich zuletzt deine Füße gesehen? Ach jaaa, neulich erst ... im Spiegel!“
Gemein ist auch: „Du, ich habe gestern erst deine Titten von der Flucht abgehalten. Die sind anscheinend fahnenflüchtig. Zur Strafe habe ich die Biester ins Korsett gesteckt!“
Hahaahaa.
Und was mache ich? Ich schlage mir ständig auf die Schulter. Nicht, weil ich so stolz auf mich bin, sondern weil ich versuche, die blöde Krise zu erwischen.
Manchmal zahlt man wohl auch mit seinem Verstand!
Ich habe meinen heute an der Garderobe abgegeben. Hoffentlich vergesse ich den nicht wieder.

Heiner ist wie keiner

Er hieß Heiner und war früher wohl mal ein Intellektueller. Und ich gestehe, ich stand einfach auf ihn. Seine leicht geschwollene Art zu reden und diese kleine Brille auf der Nasenspitze, dazu das wuschelige Haar ... ach ja ... Er sah immer etwas verwirrt und auch etwas verwegen aus. Das mochte ich an ihm. Wir lernten uns beim Einkaufen kennen, er legte versehentlich sein Nutella in meinen Wagen und ich war sofort hin und weg. Wie er stammelnd nach einer Entschuldigung suchte und mir dann einen Kaffee anbot. Wir gingen zum Bäcker an der Ecke, und er rückte mir den Stuhl zurecht. *Ein Gentleman*, so dachte ich und fühlte mich geschmeichelt. Er fragte mich nach meinem Leben und was ich sonst so machen würde. Ich erzählte ihm von mir, und er hing an meinen Lippen. *Was für ein toller Zuhörer*, fuhr es mir durch den Kopf und wie interessiert er doch an mir war. Ich schwebte auf Wolke sieben. Wir tauschten unsere Nummern und wollten uns recht bald wiedersehen.

Als er sich bei mir meldete, war ich happy. Wir plauderten eine Weile und machten uns Komplimente. Dann fragte er mich, was ich denn sonst noch so machen würde. Wie? Was ich sonst so mache? Heute? Jetzt in diesem Moment? Nee, nee, so ganz allgemein. Ich stutzte.

„Aber das habe ich dir doch schon alles erzählt, vorgestern erst, das kannst du doch nicht vergessen haben."

Stille ... dann ein Räuspern ... „Ja klar, im Café, ich erinnere mich."

Hmmm, eigentlich war es beim Bäcker, aber Kaffee gab's da ja auch, okay.

„Und hast du Kinder, Annika?"

„Ähh, nein und ich heiße ja auch Angelika."

„Ach ja, natürlich. Verzeih mir bitte. Ich habe heute Nacht so schlecht geschlafen und bin irgendwie nicht richtig wach."
„Ach so, okay, dann kann das ja mal passieren."
So hangelten wir uns durch unser Gespräch und ich hörte ganz leise im Hintergrund ein kleines PUFF, als Wolke 7 zerplatzte.
Aber ich wollte nicht so schnell aufgeben. Schließlich hatte sich unser erstes Treffen so wunderbar angefühlt. Heiner hingegen machte es mir schwer. Er fragte bereits Beantwortetes ab, und ich versuchte, es ihm diesmal schmackhafter zu machen. Kann doch nicht sein, dass er das alles vergessen hat. Also wechselte ich die Strategie.
„Was machst du denn so im Allgemeinen?"
Nun spulte er Hobbys ab wie Kassetten, deren Bänder längst ausgeleiert waren. Ich tat beeindruckt und versuchte, ein hartnäckiges Gähnen zu unterdrücken. Dann fragte er mich völlig überraschend, ob ich nicht Lust hätte, auf einen Kaffee vorbeizukommen.
Ich wollte Heiner eine Chance geben und hatte eh nichts anderes vor. Also rüschte ich mich auf und fuhr zu ihm in freudiger Erwartung. Aber mit Erwartungen ist das ja immer so eine Sache. Als er die Tür aufmachte, sah er ziemlich demoliert aus. Die strubbligen Haare waren noch strubbliger als beim ersten Mal. Falls dies überhaupt möglich war. Sein T-Shirt sah aus, als hätte er damit den Boden aufgewischt und roch auch danach. Als er mich hereinbat, war mir sehr schnell klar, woher das Ganze rührte. Ich stieg zunächst über einen uralten Hund, der nach Tod und Verwesung stank und war mir nicht sicher, ob er überhaupt noch lebte. Er rührte sich jedenfalls kein Stück. Dann rutschte ich fast auf ein paar herumliegenden Legosteinen aus, nur um anschließend auf das Dach eines Spielzeug-Baggers zu treten und fast der Länge nach hinzuschlagen. Im letzten Moment konnte ich mich an Heiner festhalten, was mir eine ganze Nase voll Babykotze ein-

brachte. Ich würgte und konnte es nicht verhindern, dass meine Hand sich auf meinen Mund legte.
Doch Heiner bekam von all diesen Dingen nichts mit. Man hätte ihm schon mit einem Hammer auf dem Kopf hauen müssen, damit er aus seinem Chaos im Kopf zum Chaos in seiner Wohnung zurückkehrte. Aus dem Nebenraum hörte ich ein Quäken, das nur von einem Kleinkind stammen konnte. War klar, dass hier ein Kind sein Unwesen trieb. Ich stapfte durch die Unordnung und folgte dem Gequake. Heiner stellte mir seinen Sohn Max vor. Der Kleine war zweieinhalb und anscheinend der Prinz im Haus. Heiner kochte den Kaffee und stellte mir eine Tasse hin, die von außen mit dicken, dunklen Tränen ehemaligen Genusses gesäumt war. Niemals im Leben hätte ich auch nur einen einzigen Schluck daraus trinken können. Aber auch dies bemerkte er nicht. Er plauderte munter auf mich ein. Warum er mir Max denn vorenthalten habe, wollte ich von ihm wissen, aber er tat nur erstaunt: „Wieso, habe ich das denn? Ich dachte, ich hätte erwähnt, dass ich alleinerziehender Vater bin."
Ich schüttelte nur den Kopf. Er erzählte mir, wie schwer es sei, Max ganz ohne Mutter aufzuziehen, dass er aber überglücklich sei, dass es ihn gibt. Dann folgte die obligatorische Abreibung der Mutter, der alten Schlampe. Zu guter Letzt fragte er mich unvermittelt, ob ich nun, da ich schon mal da sei, Sex mit ihm wolle.
Ich glaube, Heiner hätte es nicht mal bemerkt, wenn ich einfach ohne ein weiteres Wort, ohne Gruß gegangen wäre. Ich denke, dass er hoffnungslos überfordert, chronisch untervögelt und mit keinem seiner beiden Beine im Leben stand. Heiner ist echt wie keiner ... zumindest keiner, den ich bisher kannte.
Ich stand auf, drückte ihn einmal fest an meine Brust, in der fast so was wie ein Mutterherz schlug, und ging. Ich versuchte dabei, nicht auf vollgeschissene Windeln oder tote Hunde zu treten und beschloss, ab sofort im Supermarkt besser auf meinem Einkaufswagen aufzupassen.

Der Furz des Grauens

Auf der Suche nach dem Glück oder nach etwas Warmem, Liebevollem, lässt Frau sich manchmal auf recht Seltsames ein. Ich ließ mich vor einiger Zeit auf ein Date ein, von dem ich nicht zu 100 % überzeugt war. Aber es war lange her, dass ich geküsst hatte. Noch länger war es her, dass ich fremde Haut auf meiner spürte. Er hatte so ein Lausbubenlächeln, war eigentlich viel zu dünn für mich, dafür aber schön groß. Ein Bauernjunge mit roten Wangen und strohblondem, wuscheligem Haar. Er sah ganz nett aus und war es auch, wenn ich ehrlich bin. Ein Tick zu jung, was mich ganz kribbelig machte, und dann diese Augen ... Oh Gott! Wir verabredeten uns und gingen essen. Wir spürten es gleich, es hatte gefunkt. Um das Ganze noch spannender zu machen, gingen wir noch auf einen Drink. Doch irgendwann war klar, diese Nacht würde keiner von uns alleine verbringen.

Toll, wenn man nach so einer Nacht in den Armen des anderen erwacht, man liebevoll geküsst wird, man gestreichelt und liebkost wird. Man einen Kaffee ans Bett bekommt und bis zum Mittag einfach liegen bleibt und kuschelt.

Dumm nur, wenn der andere bereits in der Nacht damit beginnt, dich alle paar Minuten kräftig in die Seite zu stoßen, und ranzt: „Du schnarchst!“ Wenn du dir dabei selbst vorkommst wie Darth Vader und du kaum wagst, noch ein Auge zu schließen ... Wenn du dann merkst, dass das Essen von gestern Abend sich seinen Weg durch deine Gedärme sucht und du total verkrampfst, daliegst, weil du weißt, dass du auf gar keinen Fall ins Bad nebenan gehen kannst, weil das Klo des Grauens so hellhörig ist, dass du selbst den letzten Tropfen fallen hören kannst – geschweige denn, dass man dort was anderes geräuschlos „abseilen“ könnte …

Doch dann gibt es diesen einen Moment, wo du dich doch entspannst und es in die dunkle Stille hinein „BUB BUBUBUB“ macht und du hoffst und betest, dass der Typ neben dir tot ist!
Ich kann euch eines sagen: Es gibt keinen Weg, wie man aus so einer Situation heile rauskommt.
Ich habe mir einen Sack über den Kopf gestülpt und überlege derzeit, mir einen neuen Namen zuzulegen – sobald ich irgendwann wieder das Haus verlassen kann.

Neulich beim Arzt

Neulich beim Arzt blätterte ich in einem Hochglanzmagazin, das mich mit Schlagzeilen köderte wie „Mode für die ganz großen Gefühle“, „Anerkennung – und wie wir sie bekommen“ oder „Acht intelligente Lebensmittel – Wer das isst, ist!“. Ich fragte mich, wie das wohl funktionierte mit der Mode und den Gefühlen. Ob ich mich neuerdings für jede neue Regung umziehen müsste? Ich meine, heute ist es ja so, dass du dich für den Job besonders schick anziehst. Aber nicht zu schick, da du ja anschließend mit den gleichen Klamotten zur After Work Party gehst und darin ja auch lässig genug aussehen willst. Ich meine, ich habe das noch nie gemacht, aber ich hörte davon. Ich könnte das auch gar nicht. Wenn ich nach acht Stunden aus dem Büro raus bin, dann sehe ich meistens aus wie Else Kling. Mir hängt die Wimperntusche unter den Augen, meine Haare stehen wild vom Kopf ab und haben ihren Glanz verloren. Der hat sich genauso verabschiedet wie der Rest. Ich weiß selbst nicht, wie das passieren kann. Morgens sehe ich noch top intakt aus, dann betrete ich das Büro und – schwups – weg ist alles. Motivation, Mut, Make-up.

Na ja, jedenfalls zieht man sich ständig um. Wir haben im Schrank also unsere „Leger Wear“. Also, früher sagten wir dazu immer Joggingbuxe, heute ist das aber „Leger Wear“. Dann haben wir, wie gesagt, unser Job-Outfit und das Party-Outfit, dann gibt's noch das für festliche Einsätze und ganz hinten noch das, was wir nur mal so anziehen – also, zum Einkaufen. Jetzt sollen wir auch noch Klamotten für jedes Gefühl besitzen? Heißt das, wenn ich morgens mal nicht so gut drauf bin, dass es ein ganz spezielles T-Shirt dafür gibt? Vielleicht so was mit Aufschrift „Verpiss dich – habe Kopfweh“ oder was? Und ein Kleid fürs Glücklichsein und eine Jeans fürs Traurigsein und eine Bluse mit gaaanz tiefem Ausschnitt, wenn ich mal ...? Während ich so meinen Gedanken nachhänge, blättere ich zum Artikel, um endlich zu erfahren, was da los ist mit der Klamottensache – und bin völlig enttäuscht, als ich feststelle, dass es sich um ganz normale Kleidung handelt. Gleich auf der nächsten Seite wird mir dann auch noch erklärt, was „Function Wear“ ist. „Function Wear“ ist Kleidung, die eine bestimmte Funktion hat oder übernimmt. Ich dachte immer, die einzige Funktion, die Kleidung hat, wäre, mich anzuziehen und mich warm zu halten. Aber neeein ... die kann mich jetzt auch „unterstützen“: Wenn ich etwa schwitze, dann saugt die meinen Schweiß auf und lässt den ausatmen. Also, der Schweiß wird dann sozusagen durch die Kleidung nach draußen ausgeatmet … Dann gibt es noch Kleidung mit eingebautem Schutz. Aber das ist keine Schutzkleidung oder so. Nee, da sind zum Beispiel Polster eingenäht, an Stellen, wo ich bisher meine natürlichen Polster hatte. Zum Beispiel hautenge Radlerhosen mit eingebautem Arschpolster …

Ich sag euch eins: Wenn ich so eine hautenge Radlerhose anhätte, würde jeder jetzt schon meinen, ich hätte „Function Wear“ am Arsch …

Bei dem Gedanken blättere ich gleich automatisch weiter bis zum Artikel mit den intelligenten Lebensmitteln. Ich hatte bis dato echt keinen Dunst, dass Lebensmittel irgendeine Intelligenz besitzen oder dass die überhaupt denken können. Stell dir mal vor, was so eine Banane wohl denkt, wenn du die entpellst. Huch, was ist denn hier los? Plötzlich so zugig oder was? Lassen wir das besser, ich will gar nicht wissen, was mein Brot denkt oder fühlt, wenn ich es mit Butter bestreiche. Okay, der Bericht über Anerkennung klang eigentlich ganz spannend. Anerkennung und wie ich sie bekomme. Lässt mich schon wieder grübeln, von wem man eigentlich Anerkennung haben will. Vom Chef, ganz klar. Muss sich ja auch irgendwie lohnen, jeden Morgen aufzustehen, sich dahin zu quälen und sich nach kurzer Zeit seine ganze Persönlich-

keit und seine Optik demontieren zu lassen. So viel kann dir keiner bezahlen. Von wem noch? Dem Partner, auch klar. Wenn man sich eine Zeit lang kennt, braucht man schon Anerkennung, um dazubleiben. Das ist ja manchmal auch wirklich schwierig. Aber lassen wir das.
Kinder und Eltern scheiden aus. Da ist die Anerkennung gleich in der Genetik verankert.
Von den Freunden, genau. Ich glaube, das ist sogar die Kür. Also, da sollte ich noch mal nachlesen. Da fällt mein Blick auf die nächste Seite. „Burn-out im Bett und wie sie das in den Griff kriegen", lautet die Überschrift. So what??? Was bitte ist ein Burn-out im Bett? Wenn du keine Lust mehr auf Sex hast oder was? Wir haben das früher Ehe genannt. Jetzt gibt es Workshops und Coaches dafür? Was machen die da mit dir? Mut zusprechen? Lieber Penis, warum so traurig? Lass doch nicht den Kopf so hängen. Bald geht es auch für dich wieder bergauf! Sachen gibt's heute …!
Auf der letzten Seite finde ich mein Horoskop. Ich frage mich, warum das immer auf der letzten Seite steht. Ist das die Belohnung fürs Durchhalten? Wie dem auch sei: Das Jahr ist jung und deshalb gibt es in dieser Ausgabe das Jahreshoroskop. Eigentlich meide ich ja Jahreshoroskope, weil ich so'n bisschen Schiss vor denen habe. Die sagen mir schließlich, wie meine Zukunft aussieht. Ich glaub ja an so was. Ich wünschte mir manches Mal, dass die mich einfach anlügen würden. Alles wird gut. Ach, schön! Ich könnte das ja auch einfach ignorieren, einfach nicht lesen. Aber die Neugier siegt jedes Mal und ich kann einfach nicht widerstehen. Wer weiß, vielleicht ist ja dieses Jahr MEIN Jahr ...
Nach dem Lesen ist klar, dass ich mir meine Abneigung und den Schiss vor Jahreshoroskopen bewahren sollte. In der Hoffnung, dass ich es bis dahin nicht wieder vergesse oder meine Neugier die Oberhand gewinnt.
Und da sagt man immer, lesen bildet.

Ich klappe das Heft zu und bin total gereizt. Man sollte das nicht einfach wieder auf den Tisch zurücklegen, denn von dort könnte es ungehindert weiter Schaden anrichten. Ich entwickle gerade einen Plan zur Vernichtung der medialen Bosheit, als mein Name aufgerufen wird ...
Glück gehabt!

Wendungen

Heute war ein toller Tag, denn ich war auf einer Beerdigung! Tage, die so ganz anders enden, als sie beginnen, sind mir übrigens die liebsten. Im positiven Sinne selbstverständlich. Eigentlich ging es mir nicht so besonders, das Wetter unterstrich meine miese Laune. Doch wenn ich an die Beerdigung dachte, versuchte ich, mir vor Augen zu halten, dass die Betroffene es nun endlich besser hatte. Das war selbst für mich immerhin ein schwacher Trost. Aber dann erinnerte ich mich daran, dass ich ja gar nicht vorhatte, wegen der Verstorbenen zur Beerdigung zu gehen, sondern wegen ihrer Hinterbliebenen. Ich wollte eine moralische Unterstützung sein! Deshalb wappnete ich mich innerlich und machte mich durch den Nieselregen auf. Ich holte meine Allzeitbegleitende ab, wie ich meine Mutter in letzter Zeit immer öfters heimlich nannte, denn sie stand dem Ganzen näher als ich. Was weniger mit ihrem Alter zu tun hatte als mehr mit dem Umstand, dass sie die zu Betrauernde besser kannte als ich. Eine Nachbarin war verstorben. Eines jener Urgesteine, die schon immer in dem Haus nebenan gewohnt hatten und die dieses nun mit den Füßen zuerst verließen. Meine Mutter hatte vor langer Zeit für sich beschlossen, dass sie auch auf diesem Wege ausziehen würde.

Wir machten uns auf den Weg und unterhielten uns im Auto über das, was uns wohl erwartete.

„Die haben eine große Familie, werden bestimmt wieder viele da sein“, sagte die Allzeitbegleitende und meinte mit „die“ die Kinder der Verstorbenen. Das „Die“ war nicht abwertend gemeint, denn so ist meine Mutter nicht. Und das „wieder“ bezog sich darauf, dass sie leider wenige Monate zuvor auch schon Gast auf einer ähnlichen Veranstaltung gewesen war, als der Vater zu Grabe getragen worden war. Ich dachte darüber nach, dass man, da nun beide Elternteile tot waren, sich wohl kaum noch sah. Denn wir Kinder waren uns ja bloß bei unseren Besuchen dort über den Weg gelaufen. Eigentlich kannten wir uns gar nicht so richtig, auch wenn wir zusammen aufgewachsen waren. Uns trennte ein ganzer Freundeskreis, wir waren in verschiedene Schulen gegangen und hatten einfach unterschiedliche Interessen. Ja, so muss es gewesen sein oder warum waren wir uns sonst eher fremd? Ich wusste es nicht mehr.

Als wir ankamen, wartete ein ganzer Pulk an Menschen vor der Trauerhalle. Ich hoffte darauf, dem Ganzen hier schnell wieder entkommen zu können. Beerdigungen zählten nun mal nicht zu meinen Lieblingsevents.

Überraschenderweise wurde ich – also wir – herzlich von den Kindern begrüßt. Wir wurden in den Arm genommen, links und rechts auf die Wangen geküsst, alles hatte einen sehr warmen Anstrich.

Ich dachte zunächst, dass das an dem besonderen Anlass lag. Man verändert sich in der Trauer, wird anders, wenn man plötzlich feststellt: Jetzt bist du endgültig erwachsen, deine Eltern sind nun tot. Man fühlt sich trotz Familie alleine und wieder ganz klein. So kann eine herzliche Umarmung wie ein Rettungsanker sein. Aber das hier, das war was völlig anderes. Es fühlte sich ehrlich und echt an. Ich fühlte mich nicht als Strohhalm, an dem jemand hing. Noch sehr überrumpelt von diesem Gefühl, saß ich nun in den Reihen, während die Trauerfeier begann. Ein Redner sprach über das vergangene Leben der Nachbarin, wie sie aufgewachsen war und fortan lebte. Von den Geburten der fünf Kinder und von ihrem vor ihr gegangenen Mann und dass sie nun wieder vereint waren. Während ich zuhörte, setzte mein Kopfkino ein. Tatsächlich, fünf Kinder waren „die" gewesen! Stimmt ja, da hatten früher schon immer irgendwelche irgendwas darüber zu sagen gehabt. Wie seltsam es sei, so viele Kinder zu haben. Und wie die wohl lebten und was sie taten und wie das wohl ginge ... so ganz

allgemein. Das Tratschen in der Nachbarschaft war von jeher Kultur gewesen. Das ist nun mal so, hier bei uns im Ruhrgebiet. Ich hatte das bis heute nie so recht verstanden, da ich meine Nachbarn nicht kannte – und das ist gut so, verändern wollte ich das nie! Booar, fünf Kinder, von denen vier noch lebten und nun mit ihren Kindern hier saßen und weinten.
Ich versuchte mich an „früher“ zu erinnern, bekam aber bis auf einzelne Gedankenfetzen nichts zusammen. Wie war das damals eigentlich gewesen? Deren Tochter und ich hatten niemals gemeinsam gespielt. Die zwei Jahre, die uns trennten, trennten uns anscheinend zu sehr. Wenn ich noch Gummitwist hüpfte, saß sie schon auf dem Mofa. Als ich in die Lehre kam, fuhr sie schon ein Auto – bis heute das gleiche. Ich fand das immer lustig, wie man so an den Dingen hängen kann, hinterfragt hatte ich das nie. Jetzt saß sie da und sah gar nicht so anders aus als ich. Die zwei Jahre, die uns trennen, die trennen uns heute kein bisschen mehr.
Als wir dann später bei Kaffee und Kuchen ins Reden kamen, stellten wir fest, wie viel Gemeinsamkeiten wir haben und wen wir alles so kennen, sie und ich. Auch ihre Brüder, die mich wieder umarmten ... Es fühlte sich so warm und herzlich an. Ich fragte mich, wie man ein Leben lang verleben kann, wie man Tür an Tür wohnt und doch nichts über den anderen weiß.
Und wie wir so dastanden und uns über unsere Leben erzählten und immer wieder feststellten, wie viel uns letztendlich verbindet und wie gut sich das anfühlt, dachte ich, dass das doch ein besonders schöner Tag gewesen war. Meine Gedanken wanderten nach oben. Im Stillen schickte ich ein „Alles richtig gemacht“ dahin, wo man genau weiß, was ich meine!

Lästerschwester

Ich bin eine richtige Lästerschwester! Ein Schandmaul erster Güte. Ich habe das Spotten über andere für mich kultiviert und liebe es, über andere nach Herzenslust herzuziehen. Und nicht nur das, ich bemerke zunehmend, wie mich die Armut in den Köpfen mancher Menschen zu verbalen Attacken der gemeinsten Art anspornen.

Wenn ich zum Beispiel den Fernseher einschalte und vor lauter „Langeweile" durch die Kanäle zappe, bleibe ich komischerweise immer an den Sendungen kleben, für die man sich wirklich schämen sollte. Doch wie bei einem Unfall muss ich gaffen, kann einfach nicht wegsehen, und mit wachsendem Ekel zwinge ich mir die Abgründe der menschlichen Natur auf:

„Mitten im Leben" und Co. zeigen mir nicht nur, wie man auch ohne Arbeit durchs Leben kommt oder den Mann betrügt. Nein, sie lehren einen auch, wie man sich gegen Vermieter zur Wehr setzt oder Freunde vor den Kadi zerrt. Ich schaue fassungslos zu und spüre in mir eine tiefe Zufriedenheit. ICH bin ja zum Glück ganz anders!!! Was geht mich diese Welt da draußen an?

So schaue ich Beate, die so hässlich ist wie die Nacht und so dumm, dass man es kaum glauben kann, die noch nie gearbeitet hat und sich nur von einer Hartz-IV-Sendung zur nächsten schleppt, dabei zu, wie sie in die USA reist, um wieder mal einen Mann kennenzulernen. Oder in Bali verkuppelt werden soll. BAAALIII! Hallooo???

Toll, denke ich, *in die Staaten wolltest du auch immer schon. Oder nach Bali ...* Ach, wär´ das schön. Doch anscheinend bin ich ja ganz anders! Zum Glück frage ich mich da spontan: *Um dahin zu kommen, muss ich mir den Buckel krumm malochen und sparen wie blöd. Und keiner der mitreist, kein Kamerateam. Wer ist hier also dumm?*

Vielleicht sollte ich auch meinen Job an den Nagel hängen, mich nicht mehr pflegen, mir 'nen Damenbart wachsen lassen und damit im Fernsehen Karriere machen?

Wenn ich dann zu „Schwiegermutter sucht ...“ eingeladen werde und mir ein blau-weiß gestreiftes Shirt anziehe, das viel zu klein für mich ist, und mir ein bekloptes Baskenmützchen aufs goldfettige Haupt setze, komme ich wenigstens mit einem noch hässlicheren und ungepflegteren Typen, den ich eigentlich verachte – und ich schüttle mich innerlich bei dem Gedanken, dass ich wohlmöglich morgen neben dem aufwachen könnte –, nach Paris? Dort latschen wir dann unbeholfen durch die Straßen, prahlen mit unserer Dämlichkeit, und am Abend massieren wir gegenseitig unsere geschundenen, dicken, roten Füße.

Oder ich melde mich bei „Wie erschleiche ich mir einen Millionär?“ an. Dann hüpfe ich aufgedonnert im Bikini durchs Bild, schalte meinen Verstand aus und lasse einfach raus, was sich an Unnützem noch in meinem Kopf befindet. Ach nee, das geht ja gar nicht: Bikini scheidet aus!

Ich könnte mir das aber auch einfach machen und einfach mal meine Familie tauschen. Da könnte ich dann zehn Tage faul auf einer fremden Couch rumliegen und die Blödis dort schön rumkommandieren. Wie die andere dann wohl kuckt, wenn die bei mir in 'ne leere Bude kommt.

Hahaha ... Wie geil.

Zu überlegen wäre vielleicht auch, mich in den Dschungel zu verdrücken. Die nehmen doch da jeden. Okay, Maden und Käfer essen, das wäre jetzt nicht so meins. Aber zumindest könnte ich nach zweiunddreißig Stunden mein wahres Gesicht zeigen und vergessen, dass ich mal ein kultivierter Mensch war. Ich könnte meine voyeuristische Ader ausleben und jedem beim „Sex under the waterfall“ zusehen. Aber ich denke, diese Neigung befriedigt

schon Hartz-IV-TV zu Hause. Dafür muss ich nicht zehntausend Kilometer weit fliegen.
Aber daheim gibt es ja auch genug zu erleben. Ich könnte ja in Berlin mit den ganzen Hirnis dort „Tag und Nacht" Spaß haben und gleich danach zu „50667 Köln" reisen, die mit mir da den gleichen Scheiß machen. Und wenn ich schon gleich in Köln bin, könnte ich dort direkt in den Container ziehen und ein bisschen abhängen. Guuut, mir sehen dabei eben ein paar Millionen Mensch zu, aber bis dahin sollte ich mich ja an diese Situation gewöhnt haben. So ist das nun mal als Fernsehsternchen. So ein Y-Promi, der hat es eben auch nicht so leicht. Da kann ich schon froh sein, dass ich wenigstens kochen kann. Denn wenn ich alle anderen Sendungen abgegrast habe, bleiben ja nur noch die Kochsendungen übrig. Aber wenn ich mir das so recht überlege, das ist doch ganz schön anstrengend. Immer so von einer Sendung zur nächsten, nur für so bisschen reisen. Also, ich weiß nicht, vielleicht sollte ich doch lieber sparen und alleine nach Malle fliegen? Da wird man wenigstens nicht beschimpft, wenn man mal daneben tritt oder das falsche Outfit anhat ...
Aber was würde dazu wohl der Guido sagen?

Glücksmomente

Wenn man krank ist, macht man oft Dinge, die man sonst nicht unbedingt macht. Ich zum Beispiel kaufe mir Bücher und lese dann – oder versuche es zumindest. Meistens geht das Lesen nicht über die ersten Seiten hinaus. Wenn's gut läuft, auch schon mal über die ersten beiden Kapitel hinweg. Das letzte Buch trug den Titel „Glücksmomente“ und verschimmelt derzeit auf der Heizung im Klo. Wenn ich mal etwas länger brauche oder in der Badewanne liege ... ja, dann könnte ich ... Oder eben auch nicht. Jetzt liegt es wie gesagt schon eine ganze Weile dort. Ungelesen, mit welken Blättern, die sich durch die Feuchtigkeit langsam nach außen wölben. Jeden Tag verhöhnt es mich ein bisschen: „Phh, du bist ja gar keine Autorin, wenn du nicht einmal liest. Noch nicht einmal mich!“

Ich sitze dann da und nicke und hoffe, dass mich niemand dabei erwischt, wie ich auf dem Klo sitze und einem Buch Zustimmung schenke. Aber wie das immer so ist, bekomme ich auf dem stillen Örtchen immer die seltsamsten Ideen. So sinnierte ich tagelang über den Buchtitel: Glücksmomente! Und fragte mich, welcher wohl mein Glücksmoment im Leben gewesen sei. Ich überdachte alle wichtigen Ereignisse. Dachte an die erste Liebe, dann an die zweite, dritte und so weiter. Ich dachte an alle tollen Dinge, die ich bisher erlebt hatte und die mein Herz höherschlagen ließen. Ich überlegte, welches von den vielen Erlebnissen mein GLÜCKSMOMENT gewesen sei und konnte mich einfach nicht entscheiden. Also fragte ich eine Weile später eine Freundin, welcher denn ihrer gewesen sei und war erstaunt, wie schnell sie eine Antwort parat hatte: „Die erste eigene Wohnung! Wow, war das geil. Richtig euphorisch war ich. Wir haben immer Party gemacht“, und ihre Augen glänzten, die Wangen glühten rot. Sie war um Jahre in die eigene Jugend zurückversetzt. Ich fand es toll zuzuschauen, wie sie ihren ganz persönlichen Moment in Gedanken noch einmal erlebte. Also fragte ich in der folgenden Zeit immer wieder mal Freunde und Bekannte nach ihrem Glücksmoment und bekam eine Vielzahl an Antworten: die Geburt des ersten Kindes und als das Zweite das erste Mal lachte; das lang ersehnte Haus mit dem wunderschönen Garten und die erste Nacht, die man darin verbrachte; das erste Auto vom eigenen Geld; der romantische Antrag vom Mann, den man liebte und die Beförderung, auf die man lange hingearbeitet hatte. Ich wartete immer auf den Augenblick, in dem das Strahlen auf ihren Gesichtern einsetzte, und freute mich darüber, sie alle an das Glück in ihrem Leben erinnert zu haben.

Nur für meinen eigenen Moment konnte ich mich nicht entscheiden.

Irgendwann beschloss ich, das Buch von der Heizung zu entfernen. Es sah jetzt auch wirklich sehr mitgenommen aus. Ungelesen ab in die Tonne! Da begriff ich es: Mein Leben bestand nicht aus einem einzigen Glücksmoment. In meinem Leben gab es viele davon – und ich freute mich auf die, die noch kommen sollten.

Letztendlich hatte das Buch doch einen Zweck erfüllt, wenn auch einen ganz anderen als erwartet. Ist das Leben nicht manchmal spannend?

Spätsommer

Ich denke, wir alle haben eine Freundin oder eine Bekannte oder eine Freundin einer Freundin, die Folgendes erlebt hat: Es begann im Spätsommer oder vielleicht war es auch schon früher Herbst. Die Jahre waren so dahingeplätschert, ein weiteres fiel da nicht auf. Sie hatte es sich gemütlich gemacht in ihrem Leben, mit IHM und den Kindern, die nun groß und fort waren. Das Haus war bezahlt, der Garten stets gepflegt. Man fuhr in den Urlaub und ging regelmäßig essen. Man teilte Tisch und Bett, sonst nichts. Die Leidenschaft, die sie einst füreinander empfunden hatten, die war genauso fort wie die Mühe, die sie sich früher gemacht hatten. Es war so leicht, so zu leben. Sie kannten sich und liebten sich ... auf irgendeine Weise. Auch wenn sie nicht mehr wussten, warum. Irgendwann im Spätsommer oder auch im frühen Herbst war plötzlich etwas anders. Ein klitzekleines Gefühl, ein Haar, das sich sträubte, ein Bauch, der streikte ... irgendwas war anders. Der Mann, den sie liebte, auch wenn sie nicht mehr wusste, warum, der war plötzlich nicht mehr so vertraut. Ein klitzekleines bisschen, weil anders als gewohnt, etwas fröhlicher, etwas mehr beschäftigt als sonst, schien er ein Geheimnis zu bewahren. Er machte nun eine Spur mehr hier und da, als er es früher getan hatte, war lockerer und ging nun plötzlich neue Wege, die sie gar nicht von ihm kannte. Doch nach der anfänglichen Verzückung über diese neuen, ungewohnten Züge, kam sie ins Grübeln.

So war er früher doch nicht gewesen. Nun ging er plötzlich zum Telefonieren raus, wo sie doch sonst keine Geheimnisse voreinander hatten. Rasierte sich tagtäglich, obwohl seine Haut doch sonst so empfindlich war. Dazu der neue Duft und die Turnschuhe, die eigentlich nicht zu ihm passten und für viel Jüngere gemacht waren. Und der beschwingte Gang, wenn er das Haus ver-

ließ … Plötzlich wollte er mal ausspannen, aber ganz ohne sie. Schließlich müsste man ja nicht alles zusammen machen. Das hätte man ja sowieso die längste Zeit getan. Nun sei es endlich an der Zeit, auch mal getrennte Wege zu gehen. Wenn nicht jetzt, wann dann? Er sei es leid, immer nur auf dem Sofa zu hocken oder mit Freunden im Garten zu grillen. Da gäbe es doch noch ganz andere Dinge, die man erleben konnte und er könne verstehen, dass sie ja keine Lust dazu hätte, auch wenn er gar nicht erst gefragt hatte. Manche Dinge, die wüsste er eben.
Sie jedoch stand dabei und sah zu, wie er sich verjüngte, sich entliebte und ihr entglitt. Sie war noch die Alte, die, die sie immer war. Sie sah zu, wie er ihren Traum lebte, nicht mehr mit ihr, selbstverständlich, aber einen Traum, den sie geboren hatte und winkte ihm noch hinterher, wenn er pfeifend das Haus verließ, geradewegs in sein neues Leben – und ein Teil von ihr, der starb.

Eines Tages traf ich sie wieder, es war schon lange Sommerzeit. Im Regen tanzend, die Augen glänzend und das Herz weit geöffnet, mit einem Lächeln, so erleichtert, so frei und glücklich! Sie war noch die Alte, die, die sie immer war. Nur endlich vom alten Staub befreit, neugeboren und ihren Traum nun endlich lebend. Nur ohne ihn, das war wohl klar. Der saß mittlerweile auf einem anderen Sofa und lebte sein altes Leben, nur in neuer Umgebung, und dachte an den letzten Spätsommer und vielleicht auch an den frühen Herbst!

Weglächeln

Wir Frauen neigen leider viel zu oft dazu, dass wir Tatsachen außer Acht lassen und wider besseres Wissen und Gewissen handeln. Wir versuchen, unser Wissen zu ignorieren oder für unsere Zwecke zu verbiegen. Frei nach dem Motto: Bei mir wird alles anders. Oder: Mit mir macht er das sicher nicht. Wir wundern uns dann, dass sich doch nichts ändert und ER das selbstverständlich mit uns macht. Vielleicht, weil wir uns so sehr wünschen, dass wir falsch liegen. Warum wir nicht wenigstens auf unseren Bauch hören, der uns anzuschreien scheint: „Stopp! Hier läuft was schief!“, kann ich nicht sagen. Vielleicht brauchen wir für die trüben Tage des Lebens eine rosarote Brille, die uns die Widrigkeiten, die uns begegnen, in einem viel schöneren Licht zeigen. Aber ehrlich gesagt, wünsche ich mir auch oft einen Sturm, der uns dieses verflixte Ding von der Nase weht. Vielleicht könnten wir dann endlich hinsehen und erkennen, wie die Dinge tatsächlich sind.

Das beste Beispiel ist folgende Begebenheit: Sie sagte, sie habe ihm verziehen, dass er sie betrogen hatte. Die andere sei ihm nie wichtig gewesen, die hätte ihn schließlich nur verführt und er sei schwach gewesen. Schließlich liebe er sie und das könne sie ja auch spüren. Er sagte, es sei ein Fehler gewesen, den er sehr bereue und gewiss nie wieder begehen würde. Er hätte doch so sehr gefleht, und da hätte sie ihm einfach nicht widerstehen können. Denn sie würde ihn ja auch lieben und dass sie ja auch keinen anderen wolle, nein, das sicher nicht. Er wolle sie auch heiraten, denn sie wäre die Einzige, die EINE für ihn. Dann lächelte sie stolz, als wäre etwas Wunderbares geschehen.

Er sagte, sie habe ihm verziehen, dass er sie betrogen habe und wie einfach es gewesen sei. Ein bisschen Reue nur und Schwäche und schon wäre sie eingeknickt. Warum sie überhaupt so ein Theater gemacht hätte, das wüsste er nicht. Sie hätte doch auch gleich ihr Okay geben können. Schließlich wäre die Andere ohne Bedeutung für ihn und er sei ja schließlich nur ein Mann. Er liebe sie ja auch und wolle bei ihr bleiben. Notfalls auch heiraten, jetzt, da er es ihr nun mal versprochen hatte. Das müsste ja nicht gleich bedeuteten, dass er im Gefängnis säße, so ist das ja heute nicht mehr – und dann lächelte er stolz, als wäre etwas Wunderbares geschehen.

Die Andere sagte, sie habe ihm verziehen, dass er noch immer nicht zu ihr stehen könne. Schließlich wäre er noch nicht so weit, seine Freundin zu verlassen. Sie hätten schließlich viel gemeinsam durchgestanden, das verbinde – aber nicht allzu sehr. Und dass es ihr im Moment nicht gut gehen würde, aber sobald sich dies ändere, wäre er fort. Schließlich liebe er nur sie, das mit seiner Freundin sei vorbei, lange schon. Da liefe auch gar nichts mehr, er schliefe im Wohnzimmer, sehr lange schon. Er fühle sich so einsam und alleine, viel zu lange schon. Er habe nur auf sie gewartet, sie sei sein Engel und sie solle einfach nur Geduld haben. Dann lächelte sie stolz, als wäre etwas Wunderbares geschehen.

Ich denke, hier würde nicht mal mehr ein Sturm helfen. Da bräuchte man wohl schon eine Keule, mit der man dem einen oder dem anderen auf den Kopf hauen möchte.

Liebe

Was die Liebe mit uns macht, ist manchmal ganz kurios.
Sie lässt uns kämpfen, sie lässt uns zweifeln.
Sie bricht uns das Herz, sie schenkt uns die schönsten Stunden und den siebten Himmel.
Die Liebe lässt uns vergessen und uns Dinge tun, die wir nie für möglich hielten.
Sie wird uns geschenkt, und wir teilen sie gerne.
Die Liebe gibt uns Kraft und Hoffnung, sie macht uns mutig und schön.
Sie ist entwaffnend und schenkt uns Frieden.
Die Liebe ist das größte Gut, das wir besitzen.
Wir geben sie. Wir nehmen sie. Wir warten auf sie – manchmal ein Leben lang.
Die Liebe ist unendlich und manchmal auch endlich.
Aber wenn sie geht, verschwindet sie nicht, sie geht nur woanders hin.
Die Liebe macht uns glücklich und elend und manchmal alles zusammen.
Sie lässt uns strahlen, sie gedeiht überall.
In den dunkelsten Momenten schenkt sie uns ein Licht und Schmetterlinge und ein Feuerwerk!
Sie setzt uns rosarote Brillen auf, macht uns blind und nennt uns Narren.
Die Liebe lässt uns verzeihen, macht aus uns etwas Besseres.
Die Liebe ist unschuldig und weise, sie ist warm und gütig, erfüllend, berauschend und laut und mal leise.
Die Liebe spricht alle Sprachen, kennt weder Hautfarbe noch Religion. Die Liebe ist für alle da, für alle gleich.

Die Liebe ist wahrhaft, ehrlich, ewiglich. Selbst das kleinste Kind liebt!
Denn die Liebe kennt kein Alter, kein Gebrechen, keine Einschränkung. Sie ist das Alpha und das Omega, der Anfang und das Ende!

Denn die Liebe ist!

Du – Welt!

Ich bin enttäuscht von dir, Welt! Wie du bist, was aus dir geworden ist. Ich mag oft nicht mal mehr ein Teil von dir sein. Ich möchte am liebsten aus dir fortziehen, wenn es nicht meinen letzten Atemzug bedeuten würde. Ich mag dich nicht!
Wo bist du geblieben, Welt, du aus meinen Kindertagen?
Als du noch fröhlich warst und verlässlich? Als ich wusste, was geschieht, wenn mal was „geschah“. Als du noch bunt warst und offen und mir ALLES versprachst! Ich habe dir vertraut, bin durch dich gelaufen, die Arme weit ausgestreckt, und wollte dich umarmen, weil ich dich so herrlich fand.
Du – Welt aus meinen Kindertagen –, wo bist du jetzt? Warum hast du mich verlassen?
Ich mag nicht hinsehen, wie du so in der Gosse liegst, Welt! Abgründe haben sich aufgetan – und du bist hineingefallen – in die Grube, die du anderen gegraben hast. Nun liegst du am Boden, Welt! Und keiner ist da, der dir aufhilft. So geht es einem, Welt, wenn man hochhhinaus will und doch tief fällt. Wenn man immer mehr will, immer schneller, immer besser, immer schlauer sein will, Welt – so geht es jedem, der das will!
Ich gebe dir die Schuld, Welt! Weil du dich hast gehen lassen, es zugelassen hast, dass es dir nun so schlecht geht. Warum konntest du nicht die Alte bleiben, Welt?! Warum immer noch mehr Fortschritt, mit dem du fort schrittest? Warum allen beweisen, dass Stillstand das Ende bedeutet, Welt? Du sorgst doch dafür, dass du bald stillstehst, Welt! Und du dich nicht mehr um die eigene Achse drehst.
Wo bist du hin, Welt, du, aus meinen Kindertagen? Warum hast du mich so aus dem Gleichgewicht gebracht, Welt, mit deiner Anziehungskraft und deinem Schwung? Warum warst du nicht

mal still, Welt, und hast mir ins Ohr geflüstert, dass du das für mich tatest, Welt?!
Weil ich ein Teil von dir bin!

Ich bin toll

„Ich bin toll“, sagt Julia und ihr Blick lässt keinen Widerspruch zu!

Tja, denke ich, *so ganz unrecht hat sie gar nicht*, und beschließe, mir diesen Spruch „zu klauen“. Warum auch nicht, schließlich sollte man sich viel öfters mal trauen, die Dinge beim Namen zu nennen. *Klingt vielleicht überheblich*, grüble ich wenig später und auch, was die anderen wohl darüber denken würden, wenn ich mich wie Julia in den Raum stellte und sagte: „Ich bin toll!“ Punkt, aus, basta! Aber wenn man es so meint wie sie, ohne Wenn und Aber, dann war's wohl okay. Denn mich hatte es ja auch mehr beeindruckt als abgeschreckt. Ich beschließe also, ab sofort viel öfters die Dinge beim Namen zu nennen.

Dann erzählt Julia von ihrem Studium und wie es so läuft und dann das Praktikum und der Nebenjob, die beide das Gleiche waren, am selben Ort.

Ich höre ihr zu, wie sie von den Menschen in ihrem Altenheim erzählt und wie lustig das sei, wenn die sich gegenseitig mit den Krücken verhauen und ihr Gebiss suchen. Und wie sie ständig im Müll kramt, um die Kauleisten wieder herauszufischen. Wie sie gelobt und gemocht wird von denen und von deren Angehörigen. Ihre Augen leuchten – und ich lausche gespannt. Cool, denke ich, ist vielleicht gar nicht so schlimm in so einem Altenheim. Wie sie das so erzählt, was die dort alles machen und wie lustig das oft ist. Dann sagt sie, als sei es etwas Alltägliches, dass sie neun Leute in einer Woche verloren haben und zuckt die Achseln. Das sei fast normal geworden, das Gefühl, und ihre Augen leuchten nicht mehr. Man dürfe das nicht an sich heranlassen, sonst sei man dort falsch.

Und ich denke: Vielleicht doch nicht so cool, in einem Altenheim zu sterben.
Gleich darauf schüttelt sie wohl den Gedanken ab und erzählt von einer Frau auf dem Gang und wie die nach ihr gerufen hatte: „Julia, ich muss Aa!“ Und Julia grinst. „Rufen Sie nach der Schwester und sagen ihr das“ und wartet darauf, wie die Information erneut durch die Gänge hallt. *Ich muss Aa!*
Wer Gebisse aus dem Müll sortiert, wer dem Tod täglich ins Auge blickt und wer nicht lacht, auch wenn's um Scheiße geht, der darf wohl zurecht von sich sagen:

Ich bin toll!

Genetik

Genetik ist ja schon eine sehr komplexe Sache, auf die ich manchmal auch gut und gerne verzichten könnte. Ich liebe meine Eltern und möchte sie gegen keine anderen eintauschen. Aber mit der Gesetzmäßigkeit der Vererbungslehre habe ich so meine liebe Mühe. Hätte Mendel schon zu Lebzeiten die Knie meines Vaters gesehen, hätte er vielleicht die Erbsenzucht zum Teufel gejagt und wäre stattdessen lieber unwissend geblieben. Ich ehrlich gesagt auch.

Doch da man Wissen schlecht wieder loswird, mache ich meinem Vater, Gott habe ihn selig, noch heute Vorwürfe. Auf diesen knubbeligen Dingern zwischen Oberschenkel und Schienbein muss ich nun mein Leben lang rumlaufen. Und auch auf den vererbten Spreiz-Senk-Knick-Plattfüßen. Hätte er mir doch wenigstens seine Ohrläppchen vererbt, aber nein, ausgerechnet die habe ich von meiner Mutter geschenkt bekommen. Auch wenn ich immer sage, dass auch ich etwas Zartes an mir habe, so wäre mir etwas mehr Fleisch hier doch sehr recht gewesen. An dem mageren Etwas kann man kaum was Schmückendes dranhängen. Ist vielleicht auch besser so, dann fällt es nicht gleich auf, dass mir das Hautfetzchen angewachsen ist. Wenn man sich auch sonst freut, dass mal was nicht an einem herabhängt, hier hätte ich mich doch darüber gefreut.

Als ich früher, selbst noch schlank und rank, meiner Mutter auf das Hinterteil schaute, schauderte es mich. Platt und doch irgendwie zu viel davon und auch nicht mehr an rechter Stelle, wurde der Po schnell zur Zielscheibe blöder Sprüche. Neulich nach dem Duschen habe ich im Vorbeigehen im Spiegel etwas entdeckt, das ich lieber nicht gesehen hätte. Das erinnerte mich verdächtig an etwas, über dass ich früher nur gespottet hatte. Ich bin der Mei-

nung, dass man sich auch nicht unbedingt nackt von hinten sehen muss, von vorne übrigens, ab einem gewissen Alter, auch nicht mehr. Wenn du irgendwann feststellst, dass aus einem zarten Venushügel plötzlich ein ganzer Berg geworden ist, suchst du ganz automatisch nach jemanden, dem du die Schuld dafür geben kannst. Manches sollte besser für immer verhüllt bleiben.
Verhüllen würde ich auch gerne meine klassische Nase, von der ich mir nicht ganz sicher bin, von wem ich sie habe. Den Höcker darauf, den hat mir jemand anderer verpasst, ich erinnere mich schmerzhaft. Vielleicht ist bei mir aber auch einfach nur was schiefgelaufen und ich habe versehentlich mehr als nur einen Chromosomensatz von meinen Eltern erhalten. Vielleicht bin ich ja nur eine Laune der Natur … Ich glaube, meinen Eltern würde dieser Gedanke gefallen. Sie hätten endlich eine Erklärung für alle Schrullen und Macken an mir, mit denen sie sich nicht gerne in Verbindung bringen lassen würden.

Neulich ist mir unser alter Postbote über den Weg gelaufen – ich hätte schwören können, er hatte meine Nase!

Wo bin ich und wenn ich da ankomme, ist noch alles heile?

Ich zähle zu den Menschen, die wissen, dass sie "komisch" sind. Andere behaupten ja, dass sie "verhaltensoriginell" oder ihre "Macken" lediglich "Special Effects" sind.
Ich hingegen bin mir vollkommen im Klaren darüber, dass ich nicht immer ganz rund laufe. Ich finde das auch völlig okay. Man muss ja auch nicht unbedingt ein Typ mit Ecken und Kanten sein, oder? Ich bin zum Beispiel ein totaler Tollpatsch. Immer diejenige, der im Restaurant das Besteck auf den Boden fällt, die das Glas umwirft und sich die Klamotten einsaut. Entscheidungen fallen mir schwer. So kann Essen gehen generell mal zum Geduldspiel werden.
„Ich hätte gerne die Nr. 37, aber mit dem Käse von Nr. 14 und wenn möglich bitte mit der Soße von der Vorspeise. Oder kann ich mir auch gleich selbst was zusammenstellen? Oder vielleicht nehme ich doch lieber das Ganze ohne Soße? Ach, wissen Sie was? Ich nehme doch lieber ein Nudelgericht, das erscheint mir einfacher. Könnte ich das aber bitte mit Parmesan statt mit Mozzarella überbacken bekommen?"
Boooar ... ich weiß!
Zum Glück habe ich aber einen guten Orientierungssinn: einmal irgendwo gewesen, finde ich immer wieder dorthin zurück. Nur das erste Mal ... tja, das ist so eine Sache.
Ich als Frau habe ja keinerlei natürliche Scheu, nach dem Weg zu fragen. Nur das ewige Stop-and-go ist nicht gerade magenfreundlich! Die erste Antwort auf die Frage nach dem Weg wird solange befolgt, bis man Richtung und / oder Straße wechseln muss. Ähhh? Wie war das noch mal? Also, wieder anhalten und erneut fragen ... Okay, ich brauche dann eben etwas länger. Klar habe ich

ein Navi, aber „Else“ und ich verstehen uns einfach nicht. Wir sind grundsätzlich anderer Meinung. Wenn sie mir sagt, ich soll in zweihundert Metern abbiegen, sind meine zweihundert Meter irgendwie viel kürzer oder länger als ihre. Dazu das ewige Geplärre: „Bitte wenden, die Route wird neu berechnet. Bitte wenden. Bitte wenden ...“
Als hätte ich es nicht bereits beim ersten Mal begriffen, dass wir hier falsch sind.
Ich finde meine Methode des Autofahrens in fremden Städten auch viel freundlicher. So lernt man nicht nur Land, sondern auch gleich Leute kennen.

Dann die Sache mit der Geduld generell: Wer sagt, ich hätte keine Geduld, hat mich noch nie einen IKEA-Schrank aufbauen sehen. Ich bin völlig gelassen bei der Arbeit. Ich lese sogar die Bedienungsanleitung. Na ja, zumindest so lange, bis ich zu dem Entschluss komme, dass Schraube „E“ niemals in Loch „A“ passen kann und die schwedischen Möbelbauer eben nicht die deutsche Gründlichkeit besitzen. Was kann ich dafür, dass gerade dann jemand zur Tür hereinkommt, wenn ich den Hammer gegen die Wand schmeiße ... Da saß halt gerade 'ne Fliege, 'ne sehr, sehr große Fliege!
Aber zumindest nehme ich alles mit Humor. Ich könnte mich schier ausschütten vor Lachen, wenn der Kellner im Restaurant immer wieder seine Bestellung auf dem kleinen Notizblock durchstreicht und meine Änderungen neu aufnimmt. Unbezahlbar das Hupkonzert auf den Straßen, weil ich den Blinker links setze, um dann rechts abzubiegen. Und die Gesichter der anderen, wenn ich in einem Berg aus Pappe und Papier stehe, um mich herum klitzekleine Anleitungsfetzen, in der Hand einen Hammer.

Ich sag ja, ich bin einfach ein “komischer“ Mensch!

Cosmo-Claudi

An allem ist eigentlich Cosmo-Claudi schuld. Sie hat mich genötigt, meine Texte, die jahrelang in meiner Schublade verstaubten, öffentlich zu machen. Cosmo-Claudi und ich sind allerdings, nachdem sie es endlich geschafft hatte, mich auf die Bühne zu bringen, lieber getrennte Wege gegangen. Was weder an den Texten noch an der Bühne lag, sondern eher daran, dass Claudi den Beinamen Cosmo bekam. Cosmo deshalb, weil sie ständig in anderen Sphären zu schweben schien und neuerdings lieber zu Yoga-Seminaren in den Harz reiste, um dort in Kerzenflammen nach Antworten zu suchen.
Mir war das mehr als suspekt. Welche Antwort vermag einem wohl eine Kerzenflamme geben? Und was ist wohl mit einem los, wenn man plötzlich Stimmen oder Bilder von ihr empfing? Das kann doch nicht mit rechten Dingen zugehen. Ich tippte auf bewusstseinserweiternde Drogen und/oder Alkohol. Sehr viel Alkohol. Vielleicht war es auch ein Mix aus beidem?
Meine Frage nach dem Warum endete erst in einer Diskussion und dann mit lautem Geschrei und Türenknallen. Ich gab es auf und ihr den Spitznamen Cosmo. Seitdem grüßen wir uns höflich, wenn wir uns auf der Straße begegnen, und denken jeder für sich, wie komisch der andere doch ist. So ist das wohl oft mit alten Freunden. Wenn man Pech hat, dann verliert man sie auf die eine oder andere Art und Weise.
Mir zum Beispiel sind alte Schulfreunde entglitten, nachdem die Schule beendet war. Man ging in die Lehre, traf dort neue Leute und – schwups – dividierten sich die Lebenswege auseinander. Kein schöner Umstand.
Aber wie so oft bewahrheitet sich das Sprichwort: Man sieht sich immer zweimal im Leben. Viele verloren geglaubte Ex-

Schulfreunde tauchten nach Jahrzehnten wieder auf und hatten komischerweise nichts von ihren früheren Freundschaftsqualitäten eingebüßt. Wie ein guter Wein waren sie mit den Jahren gereift und sind heute oft gehaltvoller als früher.
Aber auch jene, die den Abschied von der Schule und später von der Jugend mit einem gemeinsam bestritten und von denen man glaubte, sie würden immer da sein, einen durchs Leben begleiten, konnten unterwegs auf der Strecke bleiben. Wenn mehr als eine Panne auf der Straße des Lebens auftaucht und die nahende Hilfe anders ausfällt als erwartet, kann es auch schon mal zu Totalverlusten führen. Solche Freunde nenne ich dann immer „Beste EX"! Man hat sich in den Jahren entfremdet, geht getrennte Wege, aber wird sich immer kennen.
In wehmütigen, weinschweren Nächten heult man den Mond an und fragt sich, wie es nur so weit kommen konnte. Wann ist aus unserer Jungendfreundschaft eine nüchterne Betrachtung zweier Lebenswege geworden? Herrgott, so erwachsen wollten wir doch niemals werden! Und zwangsläufig beginnst du damit, dich selbst zu hinterfragen. Ist dein Leben so gelaufen, wie du es dir vorgestellt hast? Hast du alles erreicht? Was ist aus deinen Träumen geworden? Wann hast du deine letzte Dummheit begangen? Bist du wirklich glücklich? Die inneren Listen werden untersucht und abgehakt. Offene Posten geraten zum persönlichen Mahnmal und geben dir plötzlich das Gefühl, nicht nur erwachsen, sondern auch alt zu sein. Egal, wie sehr man sich dagegen wehrt – wir alle haben unsere Listen. Die Frage ist nur, wie viele Punkte man auf ihnen abgehakt hat.

Ich mache einen Haken hinter „alte Freunde wiedertreffen" – und vielleicht gleich noch einen hinter „noch einmal etwas Dummes tun!"

Frauen sind manchmal komisch und haben keinen Humor

Ich sitze auf dem Balkon und lese Torsten Sträter und muss so laut lachen, dass meine Nachbarin von rechts ihre Rollläden hochzieht und schaut, was da los ist. *Mir egal*, denke ich. Der Typ ist einfach köstlich, so gut wie er werde ich nie. Oder vielmehr, so bekloppt, wie er die Dinge sieht und auf den Punkt bringt, werde ich es wohl nicht hinkriegen. Ich bin eine Frau, und wir Frauen haben eben einen anderen Humor. Mancher Mann behauptet zwar, wir hätten gar keinen und wären mit einem fehlenden Humor-Gen geboren und deshalb müssten wir immer zum Lachen in den Keller gehen.

Gut möglich, denke ich mir. Da könnten wir dann auch gleich den Hobbyraum der Männer entrümpeln, der sowieso nie genutzt wird. Da verstaubt die Langhantel neben der Werkbank und dem supertollen, wahnsinnig teurem Spielzeug à la Grillmaster 2000 und Ähnlichem.

Aber so ganz stimmt die Theorie dieser Herren wohl nicht. Ich denke da an meinen letzten Besuch bei einem neuen Orthopäden. Ich musste wechseln, weil der Alte in der Praxis ausgeflippt war und ich anscheinend daran die Schuld trug. Das fand ich wiederum gar nicht witzig, was ja eigentlich diese Theorie unterstreichen würde. Nun saß ich bereits seit Stunden beim neuen Arzt und hatte das Gefühl, es ging kein Stück vorwärts. Immer mehr Menschen strömten herein und selbst die drei wirklich taffen Empfangsdamen sahen mittlerweile panisch dem nicht enden wollenden Menschenstrom entgegen. Es war Mittwoch, und ich konnte ihren Verdruss verstehen. Nach der ersten Stunde fragte ich, ob ich noch mal kurz raus könnte oder ob es nicht mehr lohnen würde.

„Nee“, sagte einer der drei freundlich zu mir, „lange dauert es jetzt nicht mehr. Höchstens eine halbe Stunde. Sagen Sie Bescheid, wenn Sie wieder zurück sind.“
Ich nickte und sprintete los, um mir einen Kaffee zu holen. Den brauchte ich nun mal morgens und auch in nervenzermürbenden Situationen wie dieser. Ich sprintete zurück und stand pünktlich vor der Anmeldung.
„Da bin ich wieder“, flötete ich nun schon viel besser gelaunt.
„Okay, dann setzen Sie sich noch einen Moment“, lächelte die Dame vom Empfang zurück.
Nach weiteren anderthalb Stunden war meine gute Laune schon wieder auf dem Nullpunkt. Länger hatte das Koffein nicht gewirkt. Die Uhren scheinen hier einfach anders zu ticken. Mittlerweile schmerzte nicht nur mein Arm, wegen dem ich hier war, sondern auch mein Hinterteil, das nun noch plattgesessener war als sonst.
In dem Stimmengewirr im Wartezimmer und vor der Anmeldung hörte ich plötzlich meinen Namen und sprang auf. Bis ich zur geöffneten Sprechzimmertür kam, war die junge Assistentin schon wieder verschwunden.
„Hat sie nicht gerade nach mir gerufen?“, fragte ich in den Raum hinein.
„Das war wohl nur Wunschdenken“, sinnierte eine Dame laut, die vor dem Wartezimmer saß.
Tatsächlich gab es hier sogar ein Wartezimmer für das Wartezimmer! Aber eigentlich war es andersherum. Das hier war der Wartebereich für das Sprechzimmer mit einer fabulösen Tür, hinter der immer mehr Menschen verschwanden, als wieder herauskamen. Also blieb ich gleich hier sitzen, denn „lange“ konnte es ja nun nicht mehr dauern, laut der Dame vom Empfang.
Nach einer weiteren Stunde war ich nicht nur schlecht gelaunt, ich begann komisch zu werden. Als am anderen Ende der Praxis eine Tür aufging und ein kräftiger Herr mittleren Alters eine Patientin

namens „Demirel ... Frau Demirel“ aufrief, die aber anscheinend nicht mehr hatte warten wollen und wahrscheinlich schon lange gegangen war und bestimmt schon glücklich und zufrieden zu Hause auf dem Sofa saß und zu Mittag aß, war ich geneigt aufzuspringen und zu antworten: „Hier!“ Wem würde es schon auffallen? Hauptsache, ich schaffte es erst mal in die nächste Zone. Und die nächste Zone hieß Sprechzimmer.

Nach weiteren fünfundvierzig Minuten und gefühlten hundertfünfzig neu hereinströmenden Patienten, beschloss ich, mich nicht in der Schlange am Empfang anzustellen, sondern dort lediglich vom Handy aus anzurufen. Ich wählte also die Nummer der Praxis und wartete, bis eine der drei dranging und sich meldete.

„Gemeinschaftspraxis Dr. Soundso und Soundso, Meier mein Name. Was kann ich für Sie tun?“

Ich überlegte einen Moment, ob ich so ehrlich sein und ihr sagen sollte, was sie tatsächlich für mich tun konnte, ließ es dann aber lieber, weil ich befürchtete, dass sie mich sonst ans Ende der Warteliste schieben würde. Also sagte ich stattdessen: „Ich wollte mal nachhören, ob Sie mich noch auf Ihrer Patientenliste führen.“

Ich sah von weitem, wie sie im Computer nachsah, und dann ihren irritierten Blick, als sie antwortete: „Aber Sie sollten doch schon heute Morgen um halb acht hier sein.“

Ich nickte am Telefon, was die Dame vom Empfang nicht sehen konnte, deshalb schob ich noch ein: „Jaaahaaa, das bin ich ja auch. Drehen Sie sich doch mal nach links. Ich bin die Dame im rosa Mantel“, und winkte ihr.

Ich fand das lustig, sie aber nicht.

„Es dauert nicht mehr lange“, knurrte sie ins Telefon, bevor sie barsch auflegte.

Nach weiteren dreißig Minuten öffnete sich endlich die Tür zum Sprechzimmer und ich wurde aufgerufen. Nur um dann festzustellen, dass sich hinter dieser Tür nur weitere Türen befanden. Und hinter jeder dieser Türen befanden sich kleine Behandlungszimmer. Von da an wartete ich noch einmal eine Stunde, in der ich sogar damit begann, die kleinen Knübbelchen auf der Raufasertapete zu zählen.

Irgendwann erschien dann der Arzt und untersuchte mich innerhalb von zehn Minuten. Er klopfte mir zum Abschied auf die Schulter und sagte: „Sie müssen das mit Humor nehmen. Es ist alles halb so schlimm."

Und da sagen einige, wir Frauen haben keinen Humor!

Schnappfrosch

Ich weiß ja mittlerweile, dass ich das komische Talent von meinen Eltern geerbt habe. Insbesondere von meiner Mutter. Die ist eine Komödiantin der ersten Güte ... sie weiß das bloß nicht. Die ist so unbedarft, naiv komisch. So eine Mischung aus Hans-guck-in-die-Luft, Herr Rossi und den Marx Brothers. Okay, das sind jetzt alles Männer, aber egal. Böse Zungen würden jetzt vielleicht behaupten, sie ist einfach nur senil.

Neulich erzählte mir also meine Mutter vollkommen erstaunt von einem Medikament, das sie nun wieder nehmen würde. Wieder, weil sie es zwischenzeitlich abgesetzt hatte. Ich möchte jetzt nicht ins Detail gehen, wofür beziehungsweise wogegen dieses Medikament war, aber so viel sei verraten: Es ist was für ältere Frauen, die nicht mehr so schnell aufs Klo kommen, wie es ihre Blase erfordert.

O-Ton meiner Mutter: „Also der Doktor war im Urlaub und deshalb war da diese polnische Vertretung. So eine ältere Dame. Die hat gesagt *(und nun versuchte meine Mutter, den polnischen Akzent der Ärztin nachzuahmen, was sich ungefähr so anhörte)*: „Fürren Sie die Medikament ein und besser wird mit Blaahse!“

Meine Mutter hat noch den zweiten Weltkrieg erlebt. Sie erlebte die Besatzung und wuchs in einer Welt auf, in der die Obrigkeit das alleinige Sagen hatte. Sie hatte also gelernt, niemals der Anweisung eines, in ihren Augen, höher gestellten Menschen zu widersprechen. Ärzte waren für sie immer noch die Götter in Weiß. Wozu also den Beipackzettel lesen? Man tut das, was der Doktor sagt! Doch irgendwann hatte sie wohl aufgehört, die Tabletten zu nehmen.

„Die halfen einfach nicht. Ich verstehe das auch nicht“, hatte sie einmal bemerkt.

Ich hinterfragte das nicht, weil mir das Thema irgendwie befremdlich vorkam. Das hatte was mit Altsein zu tun. Doch wer beschäftigt sich schon gerne mit dem Älterwerden? Das werden wir ja alle früh genug, nicht wahr? Also ignoriere ich alles, was damit zu tun hat, so lange wie möglich! Irgendwann war das Thema vom Tisch, und ich dachte nicht mehr daran. Bis meine Mutter im Krankenhaus lag und dort die Bekanntschaft einer anderen Leidensgenossin machte. Die schwärmte irgendwann, dass es ihr blasentechnisch sehr viel besser gehe, seit sie diese Wunderpillen schlucken würde. Hellauf begeistert musste meine Mutter wohl nach dem Namen des Medikamentes gefragt haben, in der Hoffnung, endlich auch für sich eine endgültige Lösung ihres Problems gefunden zu haben. Umso enttäuschter war sie, als sie erfuhr, dass es sich um das ihr bereits vor längerer Zeit verschriebene Medikament handelte.
„Ach, die helfen doch nicht. Ich habe die wochenlang eingeführt, so wie die Frau Doktor mir geraten hatte. Aber die sind immer nach kurzer Zeit wieder rausgefallen."
„Wie? Rausgefallen?", wollte ich nun doch wissen.
„Na, eben rausgefallen."

Ich überlegte.
Wie konnten denn Tabletten einfach so aus einem herausfallen, fragte ich mich.

Auch ihre neue Bekanntschaft setzte einen durchaus dämlichen Gesichtsausdruck auf. „Also, wenn ich die schlucke, dann fällt bei mir gar nichts raus. Wie auch?", fragte sie sich mehr selbst als meine Mutter.
Wäre ich nicht auch mit dieser Frage beschäftigt gewesen, dann wäre mir vielleicht ihr erstaunter Blick aufgefallen. Erst einige Tage später beichtete sie mir dann: „Also, hätte ich gewusst, dass

man die Tabletten schlucken muss, dann hätte ich die auch nicht abgesetzt."

Ich sage euch eines: Kopfkino ist nicht immer das Wahre.

Manchmal ist es besser, unwissend zu bleiben.

Als wir noch jung waren

Alles begann mit einem Karton, den ich vom Dachboden nach unten schleppte. Ein Karton voller Fotos, die mein bisheriges Leben dokumentierten. Im Zeitalter von Digitalfotografie und Online-Alben genoss ich für einen Moment den Abstecher in meine Jugend. Bei einem Kaffee griff ich beherzt hinein und ließ die Bilder durch meine Hände gleiten. Dann zog ich einen Stapel hervor, blätterte sie durch und musste schmunzeln. Ich als Zwanzigjährige am Strand. Mein Gott, was hatte ich für eine Figur gehabt und es nicht gewusst. Als Fünfzehnjährige in Jugoslawien – als man es noch so nannte. Ach herrje, ich als Siebenjährige mit den Nachbarskindern bei unserer Hauskellerparty. Mehr hatten wir damals leider nicht gehabt. War trotzdem lustig! Und wie die Bärbel damals ausgesehen hatte. Ich konnte mir ein herzhaftes Lachen nicht verkneifen. Plötzlich musste ich innehalten. In meinen Händen hielt ich ein Bild meiner ersten großen Liebe. Er lächelte mir entgegen mit seinen wunderschönen grünen Augen und diesen kleinen Grübchen und versetzte mir damit einen Stich. Mir fielen alte Anekdoten ein, mit wem wir uns getroffen und wo wir gefeiert hatten – besonders seine Küsse. Was wohl aus ihm geworden war? Ich legte das Bild zur Seite. Mach's gut, Andreas!

Dann erwischte ich einen Stapel Bilder, den ich „Beste Ex-Freundin" nannte und der mich viel Kraft kostete. Mein Herz schlug wild, als ich die Fotos durchsah. Sie und ich auf einer Party, sie und ich auf meinem dreißigsten Geburtstag, sie und ich im Urlaub. In DIESEM Urlaub! Er war ein ganz Besonderer gewesen – zumindest für mich. Ich war als Single auf die Insel geflogen und kam mit einer aufregenden Beziehung wieder zurück. Nun ja, aufregend war sie in jeder Hinsicht. Am Anfang stürmisch, dann schwierig, zuletzt abturnend. Aber das sind wohl die meisten Be-

ziehungen, nicht wahr?! Ich suchte im Karton nach den Spuren dieser Beziehung, und als ich alle beisammenhatte, legte ich diese auf den Stapel, den ich „André“ nannte.
Dann zog ich ein Sammelsurium an Bildern heraus. Es beinhaltete einen Mix aus Vergangenheit und Gegenwart. Bei der Durchsicht geriet ich ins Schwärmen. Hier befand sich also mein halbes Leben. Hier war der Anfang, zwar nicht der meines Lebens, aber doch irgendwie der meines Lebens.

Es begann im Frühling '81. Ich war gerade dreizehn geworden, steckte mitten in der Pubertät und sollte die Osterferien auf dem Dorf bei Verwandten verbringen. Ich hasste es! Meine irgendwie nicht richtige Cousine Andrea aus Münster hatte man ebenfalls dorthin verfrachtet. Die hasste ich noch mehr. Die war drei Jahr älter und hatte tolle blonde Haare bis zum Steiß, während meine aschgrauen Locken kurz und ausgefranst aussahen. Wir teilten uns ein Zimmer, was doppelt schlimm war, aber wir machten das Beste daraus. Wir zogen um die Dörfer und waren die coolen Städterinnen.
Na ja, sie war es, ich eher nicht. Ich zog den Kopf ein, als uns die Dorfjugend mit ihren Mopeds am Anger umkreiste und wäre am liebsten gestorben. Es war kaum zu übersehen, woher wir kamen, und Andrea machte es mit ihrer koketten Art nicht besser. Sie flirtete auf Deubel komm raus.
Ich starrte mir Löcher in die Fußspitzen, als mich die Blicke eines dünnen Dunkelhaarigen trafen. Er beäugte mich, sprach aber nicht – und ich erst recht nicht. Irgendwann nickte er in meine Richtung und machte auf seinem Moped Platz. Ich fackelte nicht lange und sprang auf. Vor ihm hatte ich Angst, aber Mopedfahren fand ich ziemlich geil. So brausten wir durch die Felder, den Wind im Haar, denn Helm war noch keine Pflicht, und die Sonne auf dem Gesicht. Es fühlte sich nach grenzenloser Freiheit an. Von da an trafen wir uns jeden Tag und fuhren zum Kiesloch oder zum An-

ger. Abends lagen Andrea und ich im Bett und kicherten. Eines Abends standen die Jungs im Dunkeln vor dem Haus und holten uns einfach zu einer Party ab. Ich erinnere mich an die Angst, die ich hatte. Abzuhauen, ohne vorher Bescheid zu sagen, ohne Erlaubnis, das Haus zu verlassen ... und zwar auf direktem Wege aus dem Fenster. Wie es sich angefühlt hatte, das Verbotene zu tun ...
Wir machten uns also auf, um zu feiern. Damals war es uns egal, wie unsere Haare lagen oder welche Klamotten wir trugen. Wir wollten einfach nur Spaß haben. Es war aufregend, so durch die Nacht zu stiefeln, ohne wirklich zu wissen, wohin es ging. Wir waren voller Gottvertrauen.
In dieser Nacht feierten wir die Party unseres Lebens.

Auch die Party, die die Cousins feiern durften, als Tante und Onkel außer Haus waren. Das erste Mal betrunken, ganz aus Versehen. Nie hatte ich mehr von ihnen als in dem Moment, als sie bemerkten, dass ich beschwipst war und auf einem fremden Männerschoß saß. Mir wurden nicht nur Kaffee, sondern auch Finger eingeflößt, die mich zum Kotzen brachten. Natürlich gefolgt von Drohungen für den Fall, dass ich was verraten würde. Aber ich hielt dicht, sogar fünfundzwanzig Jahre lang. Mehr konnte man echt nicht verlangen.

Am Ende der Ferien hatte ich meine Adresse auf einen zerknitterten Zettel geschrieben und sie dem dünnen Dunkelhaarigen in die Hand gedrückt. Er solle mir schreiben und dass ich mich freuen würde. Dann war ich ins Auto gestiegen und zurück in die Realität gefahren. Doch was mir blieb, waren seine Briefe, denn er schrieb mir oft und lang.

Noch im gleichen Jahr kehrte ich zurück und verbrachte auch die Sommerferien bei den Verwandten. Diesmal durfte ich mit Cousine Susanne um die Häuser ziehen. Ich werde nie vergessen, wie wir nachts die alte Holztreppe hinunterschlichen, an Omas Schlafzimmer und das ihrer Eltern vorbei, geradewegs durch den Stall hinaus in die Dunkelheit. Am Ende des Feldes standen schon die Jungs mit den Mopeds und warteten ungeduldig. Ich erinnere mich, wie wir wieder am Kiesloch saßen und rauchten und wie schlecht mir war, bei meinen ersten Zügen. Auch daran, wie ich oft auf dem alten, schwarzen Hollandrad den Hügel hinabfuhr, die Arme weit ausgestreckt, und Marienkäfer verschluckte, weil ich den Mund nicht geschlossen halten konnte. Ich erinnere mich noch genau an ihren Geschmack! So fühlte sich Leben an – und es war toll.

Doch Cousine Susanne fand, dass ich einfach zu jung war und schminkte mich deshalb, machte mich zwei Jahre älter und gab mir Zigaretten. Dann schickte sie mich zum dünnen Dunkelhaarigen nach Hause, mit der Warnung, dass ich mir keine „Briefmarkensammlung" zeigen lassen sollte.

Komisch, dachte ich noch, *so was Langweiliges wird er mir doch sicher nicht zeigen*, und stiefelte los. Aber wie das nun mal mit Lügen ist, wenn man einmal damit angefangen hat, dann kann man meistens nicht mehr damit aufhören. Einmal vermeintlich „fünfzehn", wurde von mir anderes erwartet. Zum einen wurde ich zur Ehrendame beim Schützenfest ernannt, an dem ich offiziell gar nicht teilnehmen durfte, und zum anderen wurde mir tatsächlich die Briefmarkensammlung gezeigt – und nicht im übertragenen Sinne ...

Dies sorgte trotzdem für einen übertrieben schnellen Abgang. ZACK, weg war ich. Er tat mir ein bisschen leid – aber später noch viel mehr.

So eine Ehrendame hat bestimmte Pflichten. Zum Beispiel den Schützenkönig von zu Hause abzuholen und einen Schnaps zu trinken, neben der Kutsche herlaufen und an jeder Ecke einen Schnaps zu trinken, auf dem Schützenstand zu jubeln und einen Schnaps zu trinken, die Ankunft im Festzelt zu absolvieren und mindestens drei Schnäpse zu trinken … Irgendwann war ich randvoll. Genau in dem Moment hatte der dünne Dunkelhaarige beschlossen, mir seine Liebe zu gestehen. Vor lauter Angst lallte ich noch weitere Lügen über andere Verehrer und dass ich ihn gar nicht wolle. Ich sehe noch seinen traurigen Blick und wie er versuchte, mich am Arm festzuhalten, als ich schwankend und lallend von dannen rauschte. Ich beendete diesen Abend, diese Lüge mit einem absoluten Vollrausch und erwachte am nächsten Morgen ohne Schuhe. Bei solchen Aktionen verliert man immer ein bisschen. Manchmal sind es Schuhe, manchmal ein Gewissen. Falls du dies jemals lesen wirst, dann hast du nun eine Erklärung, Achim. Es tut mir sehr, sehr leid.

Am Ende dieses Sommers fuhr ich nach Hause und war nicht mehr die Alte. Ich ließ ein gebrochenes Herz und ein Stück Kindheit zurück. Es war das Jahr, als wir noch jung waren! Keine Zeit danach war wie diese.

Ich nahm mir ein große Fotoalbum, schlug es auf und begann, mein Leben darin einzukleben. Diese Erinnerungen würden auf keinem Stapel landen. Es war der Anfang meines Lebens, auch wenn es nicht der Anfang meines Lebens war.

Früher

Ich bin ein Kind der Sechziger, na ja, eigentlich mehr der Siebziger Jahre. Ich habe alles gemacht, was man unserer Generation zuschreibt. Ich habe in der realen Welt gelebt, hatte eine wunderbare Kindheit, viele Freunde, war schlecht in der Schule, bockig und schüchtern. Ich liebte Musik und sprach kaum englisch, was es oft mit der Musik schwer machte. Texte, die ich nicht konnte, die sang ich Playback mit, in der Hand einen Tennisschläger, auf dem ich wie wild „Gitarre" spielte. Als ich klein war, zog ich mich bis auf den Schlüpper aus, setzte mir Ulis alte Indianerperücke auf und sattelte den Sessel, der bei mir im Zimmer stand. Wir beide ritten nach Laramie, bis meine Mama mir eine Capri-Sonne brachte und es Zeit fürs Mittagessen wurde. Später spielte ich mit Susanne dann Tod und wir beerdigten uns. Mal war sie die Trauergemeinde, mal war ich es. Dann erschreckten wir uns und erstanden auf aus dem selbstgebauten Sarg und lachten uns tot, was irgendwie passend war. Als wir beide älter wurden, spielten wir nicht mehr Tod, sondern „Gard Haarstudio". Wir saßen vor dem Spiegel und machten unsere Vorher-Nachher-Show. Vorher mit extra durchgewuscheltem Haar und ungeschminkt, nachher mit extra ordinär aufgetürmtem Haar und Tonnen von Schminke im jugendlichen Gesicht. Wir fanden das komisch, und hätte uns jemand dabei beobachtet, hätte er uns auch komisch gefunden. Aber wir machten uns keine Gedanken, wir waren eben so. Wir waren die besten Freundinnen und machten alles zusammen. Wir kauften uns die gleichen Klamotten (aus Versehen) und taten die gleichen Dinge. Wir zogen unsere Jacken falsch herum an. Als ich Jahrzehnte später Jungs mit falsch herum angezogenen Hosen Hip-Hop tanzen sah, war ich stolz, irgendwie der Vorreiter gewesen zu sein: ERSTE, YEAH!!!

Manchmal allerdings fanden wir auch die gleichen Jungs gut, das war dann eine Katastrophe, denn eine von uns musste ihn aufgeben. Aber aufgeben war was für Schwächlinge. Und Schwächlinge verkloppten wir auf der Straße. Dann sprachen wir mal ein bis zwei Tage nicht miteinander, was unsere Eltern begrüßten, denn endlich war mal das Telefon frei. Susanne wohnte zwar nur eine Straße weiter, aber es gab schließlich immer was zu erzählen. Wenn wir nicht wie siamesische Zwillinge zusammenklebten, dann telefonierten wir stundenlang. Ich hing am Fünf-Meter-Kabel, was fast bis in mein Zimmer reichte, aber eigentlich vor der Klotür endete. So hockte ich im Flur vor der Toilette und versperrte allen den Weg.
Als wir älter wurden, blieb es so. Wir erlebten gemeinsam die erste Liebe, den ersten Sex, nun ja, den jeder für sich, wir gingen in die Lehre, machten den Führerschein, dann folgte die erste eigene Wohnung. Plötzlich waren wir erwachsen, vorbei waren die Zeiten des Blödsinns und der Unbeschwertheit. Nun machten wir andere Dummheiten. Aber falls was schiefging, dann hatten wir immer noch uns. Ein Teil unserer Eltern starb – und wir wurden so hart in das wirkliche Leben entlassen, dass es wehtat. Wir fühlten noch den unbändigen Schmerz, bevor wir lernten, ihn zu verstecken – hinter unseren Fassaden, die wir errichteten.
Als wir im Millennium ankamen, hatte sich alles verändert. Das alte Jahrhundert hatte einen Teil von uns mitgenommen, das neue wollte uns nicht so wirklich was geben. Wir richteten uns in unserem Leben ein, in dem wir heute angekommen sind. Ich denke heute gerne an die Zeit zurück, als ich noch ein Kind der Siebziger war.

Paul

Es gibt Geschichten, die so unglaublich sind, dass sie unmöglich wahr sein können. Dies ist so eine Geschichte – und sie ist leider wahr!

Gertrud und Anna waren seit über fünfzig Jahren Freundinnen. Sie blieben es, auch als Anna vor fünfzehn Jahren von Essen nach Düsseldorf zog. Wann immer die beiden es einrichten konnten, trafen sie sich. Im Sommer natürlich lieber am Rhein statt an der Ruhr, denn dort wurde man noch etwas mehr „gesehen". Und das Gesehenwerden genossen die beiden seit jeher. Für den richtigen Auftritt sorgten sie ausgiebig. So shoppten sie standesgemäß auf der Düsseldorfer Kö. Natürlich durfte bei diesen finanziellen Exzessen Paul nicht fehlen. Paul war zwar Jahrzehnte jünger als Gertrud. Aber ihr Spatzl, wie sie ihn stets zu nennen pflegte, gehörte nun mal zu ihr wie ihre Handtasche.

Dennoch war Spatzl alt für sein Alter und auch nicht mehr so gut zu Fuß. Ihm ging schon nach kurzer Zeit die Puste aus, wenn er mit seinen kurzen Beinen hinter Gertrud, die selbst nicht mehr die Schnellste war, hertrottete. Sie zog ihn dann hinter sich her und war ärgerlich, dass er nicht schneller konnte.

Gerne streckte er dann seine Zunge raus, und es ließ sich nicht vermeiden, dass er dann zu tröpfeln begann. Das hasste Gertrud an ihm. Wenn es irgendeinen Weg gegeben hätte, ihm das abzugewöhnen, dann hätte sie dafür gesorgt. Aber es gab keinen, und so versuchte Gertrud ganz nonchalant, diesen Umstand zu ignorieren.

Anna amüsierte sich stets über sie, wenn sie Gertrud dabei erwischte, wie sie die Mundwinkel hängen ließ und die faltige Nase krauszog

„Sei doch nicht so, der arme Paul, der kann doch nichts dafür“, ärgerte sie dann ihre Freundin und sah zu, wie sie die Mundwinkel noch ein Stückchen mehr hängen ließ und die Nase noch mehr kräuselte, und lachte in sich hinein.
Ihre Shoppingtouren wurden gerne bei einem guten Essen mit bestem Wein gefeiert. Man ließ sich den Lebensabend gut gehen und jeder sollte es sehen.
So auch an diesem besagten Samstag im Sommer. Anna feierte bald ihren siebzigsten Geburtstag, und die Damen mussten sich dafür noch ausstaffieren. Man gab ein kleines Vermögen beim italienischen Luxus-Designer aus und verließ das Geschäft mit der übergroßen, unverkennbaren weißen Tüte. Stolz zeigte sie jedem Kenner, wer sich was leisten konnte.
Wie immer machten sich die beiden auf, um auch ihren körperlichen Hunger zu stillen, und plauderten munter drauflos. Sie waren gerade in ihrem Element, als sie plötzlich von einem Passanten angesprochen wurden.
„Entschuldigung ...“
Normalerweise ließen sich die Damen nicht ansprechen, das war einfach nicht ihre Welt. Aber der junge Mann baute sich so vor ihnen auf, dass sie schlichtweg am Weitergehen gehindert wurden.
„Ähhhemmm ... Entschuldigung“, wiederholte er sich, „ist Ihnen nichts aufgefallen?“ Er hatte die Hände in die Seiten gestemmt. Die Damen schauten sich irritiert an und schwiegen. „Drehen Sie sich doch bitte mal um!“, forderte er sie deshalb auf. Auch wenn es ihnen ein wenig widerstrebte, so drehten sie sich dennoch um. Vermutlich, weil sie so perplex von seiner Eindringlichkeit waren. Doch sie sahen nichts Ungewöhnliches. Gertrud kräuselte die Nase und zog eine Augenbraue hoch, wie nur sie es konnte. Es gab ihr eine gewisse Arroganz und meistens schüchterte dieser Blick die Menschen ein.
Der junge Mann sah nun richtig ärgerlich aus.

„Hallooo? Schauen Sie mal zu Ihren Füßen. Ich denke, der da ...", und dann zeigte er auf Paul, „ist tot."
Anna konnte sehen, wie Gertruds Augenbraue ins Bodenlose sank und sie blass wurde, bevor sie sich langsam umdrehte und zu ihren Füßen den toten Spatzl entdeckte. Anna konnte sie gerade noch am Ellenbogen fassen, damit sie nicht umkippte. Ohne ein weiteres Wort, aber mit Kopfschütteln ließ der junge Mann sie einfach stehen und ging.
Als Gertrud sich wenig später wieder gefasst hatte, trat ihre natürliche pragmatische Ader zum Vorschein.
Anna fasste sich nicht so schnell, und so stand sie immer noch wie angewurzelt da, in der einen Hand Gertruds Ellenbogen, in der anderen die Prada-Tüte.
„Wir können den armen Paul doch nicht einfach hier auf der Straße liegen lassen", sagte Gertrud und befreite sich aus Annas Griff.
„Aber mitnehmen können wir ihn auch nicht", erwiderte Anna.
„Auf keinen Fall lass ich Spatzl hier liegen", keifte Gertrud schrill. „Los, gib mir die Prada-Tüte, damit ich ihn da rein legen kann", forderte sie.
Obwohl Anna diesen Ton von ihrer Freundin kannte und wusste, dass sie keinen Widerspruch zulassen würde, wehrte sie sich vehement.
„Auf keinen Fall! Das ist PRADA!"
Sie hielt die Tasche fest vor ihrer Brust – bereit, notfalls auch handgreiflich zu werden.
„Und das ist PAUL und der ist T-O-T! Also her mit der Tüte! Sie ist die Einzige, die groß genug für ihn ist."
Zwanzig Minuten später saßen sie wie versteinert in ihrem Lieblingsrestaurant, während der Kellner ihnen zwei Gläser Hochprozentiges hinstellte. Sie tranken in einem Zug aus und bestellten eine weitere Runde.

„Es ist so unheimlich“, flüsterte Anna. „Wenn ich daran denke, dass Paul da unter dem Tisch in der Tüte liegt, wird mir ganz schlecht.“
Gertrud reichte ihr wortlos den gerade ankommenden Schnaps, und sie leerten die Gläser abermals.
„Wir konnten ihn nicht da liegen lassen“, sagte Anna mehr zu sich selbst. „Vielleicht hättest du den armen Kerl nicht immer so hetzen sollen“, hickste sie, und es klang, als sei sie ein wenig betrunken.
„Was soll das denn bitte heißen?“
Anna zuckte mit den Achseln.
„Schließlich hast du immer an ihm gezogen und gerissen. Kein Wunder, dass ihm die Zunge aus dem Hals hing.“
Gertruds Augen verfinsterten sich.
„Soll das etwa heißen, ich hätte meinen Spatzl getötet, nur weil er ein Schrittchen schneller laufen sollte? Das ist ja wohl die Höhe.“
Entrüstet griff sich Gertrud den gerade frisch eingetroffenen Schnaps und trank ihn aus. Dann knallte sie das Glas hart auf den Tisch.
„Reg dich doch nicht so auf. Denk lieber an deinen Blutdruck. Du bist schließlich selbst nicht mehr die Jüngste.“
Dann brach Anna in schallendes Gelächter aus. Eine Zeit lang stritten sie sich noch und dann wurde gegessen.
Und Paul ... der war schon vergessen. Erst als der Kellner mit der Rechnung kam und sie das Restaurant verlassen wollten, fiel er ihnen wieder ein. Gertruds Hand glitt unter den Tisch und griff nach der Tüte. Doch leider fuhr ihre Hand ins Leere. Sie beugte sich hinab, lüftete das Tischtuch und schaute nach. Weg war die Tüte ... samt Paul darin.
Hier kam jede Hilfe zu spät. Da Letzte, was Gertrud noch hörte, war das Klirren und Scheppern von Glas und Porzellan, als sie mitsamt dem Tischtuch vom Stuhl fiel.

Anna trug Prada, als sie Gertrud verabschiedete. Doch sie hätte sich gerne für eine andere Farbe entschieden. Schwarz, das stand ihr so gar nicht.

Das erste Mal

Als eine Freundin von ihrem “ersten Mal“ beim Frauenstammtisch erzählte, hielten wir alle gespannt den Atem an. Sie, Mitte fünfzig und ein bisschen, war neuerdings Single. Nach langer Ehe und hässlicher Trennung entließ man sie in ein Leben, das ihr fremd vorkam und ihr angstmachte. Die Depressionen hatten seit einiger Zeit die Oberhand gewonnen. Es machte sich ein verdächtig großes, tiefes, schwarzes Loch in ihrem Inneren breit. Irgendwann hatten wir beschlossen, ihr einen notwendigen Schubs zu geben und sie in den Singlezirkus da draußen zu schmeißen.
Ihre ersten Schritte waren, als müsste sie das Laufen erst noch lernen. Vollkommen naiv und unbeholfen stakste sie los und trat in jedes Fettnäpfchen, dass *Mann* ihr hinstellte. Aber mit der Zeit wurde es besser, irgendwann konnte sie sogar freihändig losmarschieren. Nun saßen wir beisammen und hielten wie besagt den Atem an.
„Eines will ich euch sagen“, begann sie, „wenn ihr mal was Größeres vorhabt“, und mit „Größeres“ meinte sie Sex, „dann zieht weder Slipeinlagen noch Gel-Pads an.“
Erst schauten wir uns erstaunt an und brachen dann in schallendes Gelächter aus. Auch wenn keiner von uns wusste, warum. Allein die Aussage schien abstrus. Als wir uns wieder im Griff hatten, drängten wir natürlich auf eine Erklärung, für die sie allerdings zwei Aperol Spritz brauchte, um uns dann mit glühenden Wangen zu berichten.
„Wir haben uns online kennengelernt und eine Zeit lang geschrieben im Chat. Ich musste erst mal meinen Sohn fragen, wie das überhaupt funktioniert, und der war total schockiert. ‚Mama‘, hat er gesagt, ‚was machst du in so einer “Fickbörse“?‘ Der hat wirklich „Fick“ gesagt“, und sie schüttelte angewidert den Kopf. Aber

wir ließen sie reden. „Der hat so was von geschimpft mit mir. Aber ich habe gesagt, dass ich ja nicht ab sofort und für immer alleine bleiben möchte. Ich habe ja schließlich auch ein Recht auf Liebe. Na, jedenfalls habe ich mich dann mit diesem Typen verabredet. Er erschien mir nett und hat mich dann zum Essen eingeladen. Und er war auch sehr nett, na ja, und deshalb sind wir danach noch was trinken gegangen. Weil es noch nicht so spät war und wir noch gar nicht müde waren, wollten wir dann auch noch tanzen. Mein Ex hat ja nie getanzt. Der war immer zu müde für alles – und dann war er grantig. Ich fand es so aufregend, das erste Mal in einer Disco zu sein. Wenn nur nicht, ja, wenn ich nur nicht meine Gel-Pads in die High Heels gelegt hätte. Warum ich überhaupt diese doofen Schuhe angezogen hatte, weiß ich auch nicht. Wir haben so schön getanzt, doch plötzlich tippte mir eine Frau auf die Schulter und zeigte auf meinen Fuß. Wir beide blieben stehen und schauten runter. Was soll ich euch sagen? Da schauten an beiden Füßen seitlich diese Gel-Einlagen raus – ich hatte sie aus meinen Schuhen getanzt. Die Tanzfläche war so voll, dass ich mich nicht mal bücken konnte, um sie rauszuziehen. War mir das peinlich!

Er hat gelacht und gesagt, dass wäre ja wohl typisch Frau. Auf den Hacken nicht laufen können, aber sie dennoch tragen. Ich dachte, ich müsste sterben, aber der fand das gar nicht sooo schlimm. Denn dann hat er gemeint, wir wären dort fertig, und er würde gerne noch einen Kaffee mit mir bei sich trinken. Also sind wir los zu ihm. Ich hatte das gerade verdaut und war kribbelig, als wir auf seiner Couch saßen. Dann haben wir geknutscht wie die Teenies. Kaffee haben wir natürlich nicht mehr getrunken. Als es dann ernst wurde und er mich schon fast ganz ausgezogen hatte, fiel mir im letzten Moment ein, dass ich zur Sicherheit eine Slipeinlage benutzt hatte. Man will sich ja schließlich immer frisch fühlen. Das war ein Kampf ... Immer, wenn er mir in diese Richtung kam, habe ich einen Schlangentanz aufgeführt. Der hat bestimmt gedacht, ich bin bekloppt. Bis ich mal aufs Klo kam, war's schon fast zu spät."

An dieser Stelle schwieg sie eine Weile, bevor sie weitersprach: „Und eines kann ich euch sagen: werde mal eine Slipeinlage los, wenn du die dort nirgends wegschmeißen kannst und deine Tasche auf dem Sofa liegt! "

Hier konnten wir nicht mehr an uns halten und stoben in brüllendem Gelächter auseinander. Jede klopfte für sich auf die Schenkel, und uns liefen die Tränen vor Lachen. Den Ausgang der Geschichte wollten wir gar nicht mehr hören, aber ich denke, dass sie auf die eine oder andere Weise sicher auch von einer Überraschung gekrönt wurde.

Prüfstand

Es gibt Dinge im Leben, die werde ich wohl nie so richtig begreifen. Warum ist es ausgerechnet an dem Tag nebelig, wenn ich endlich mal Zeit habe, eine Sonnenfinsternis zu sehen? Warum ist immer dann das Klopapier alle, wenn ich auf dem Lokus sitze? Wie kann es sein, dass ich schon sechsundvierzig bin, wenn ich mich innen drin erst wie zweiunddreißig fühle? Das ist übrigens eine Frage, die ich mir in regelmäßigen Abständen stelle. Nun, ich neige ja dazu, mich öfters mit dem Älterwerden auseinanderzusetzen. Es ist aber jetzt nicht so, dass ich mich jeden Tag hinsetze und Falten zähle. Ich bin auch nicht unbedingt der ewige Schwarzseher oder Jammerlappen. Aber über manche Dinge denke ich halt hin und wieder nach, was mich eher zu einem philosophischen Menschen macht.
Im Moment denke ich viel über Ansprüche nach, die man so an sich, das Leben und vor allem an andere hat. Ich bewerte und messe neuerdings Dinge, die mir früher total schnuppe waren und frage mich zwangsläufig, ob das was mit meinem Alter zu tun hat. Früher ging man doch pfeifend durch die Welt, hielt die Nase in die Sonne und dachte sich: *Ach, watt soll's!* Was du heute nicht erlebt hast, das erlebst du eben morgen. Aber heute ist das Morgen von damals, und ich stelle fest, dass ich keinesfalls das Nichterlebte später nachholte. Andere Dinge rückten plötzlich in den Vordergrund und ich verfolgte neue Ziele. Vergessen waren die Wünsche von gestern. Erst ab einem gewissen Punkt tauchten sie wieder auf. Nämlich dann, als ich das Gefühl bekam, etwas verpasst zu haben. Ein klein wenig auch, als ich plötzlich spürte, dass ich zu alt bin, um sie nachzuholen. Irgendwann wird dir klar, dass aus dir keine Primaballerina mehr wird und dass du vermutlich niemals mit dem Rucksack durch Indien trampst. Du beginnst

ganz automatisch, bewusster zu leben… machst dir innerlich Listen mit Dingen, die dir wichtig sind, was du noch erreichen möchtest oder was du noch mal ausprobieren willst, bevor es auch dafür zu spät ist. Mit dem Jetski über die Brandung rasen, im Morgengrauen barfuß durch Monte-Carlo laufen, im Regen tanzen oder einfach mal verrückt sein und Grimassen an der Ampel schneiden …

Diese imaginären Listen werden irgendwann zum Prüfstand deines Handelns. Wie Mahnmale, die dich täglich daran erinnern, was noch zu erledigen ist. Das ist wie das kleine Pieksen im Nacken, das dir zu flüstert: „Beil dich!"

Wehmütig denke ich dann an die Zeit zurück, in der das alles keine Rolle spielte – und dann fühle ich mich alt. Vielleicht sollte man einfach mal wieder lernen, die Nase in die Sonne zu halten und sich sagen: *Ach, watt soll's! Was du heute nicht erlebt hast, erlebst du eben morgen.*

Schließlich haben wir endlich die Kohle und die Geduld dafür!

Resümee

Es wird Zeit, einmal einen Blick nach hinten zu werfen. Ich bin nun schon eine ganze Weile als Single unterwegs und manchmal überkommt mich eine Hoffnungslosigkeit, die schwärzer, tiefer, einsamer, bedrohlicher, grausamer, komischer, grotesker und drolliger nicht sein könnte. Immer wieder mal habe ich versucht, online nach meinem „Mr. Right" zu suchen. Auch wenn ich schon vorher wusste, ihn dort nicht finden zu können, so war es immer ein Hoffnungsschimmer und netter Zeitvertreib. Gelacht habe ich online immer mehr als im realen Leben, so viel steht fest. Ich lernte dort die seltsamsten Vögel kennen.

Zum Beispiel einen rechtsrheinischen Typen, der ständig auf Diät war. Er aß seine Lebensmittel grundsätzlich nur in flüssiger Form und jagte alles durch seinen Mixer, der sie in die gewünschte Konsistenz brachte. Sein Lieblingsthema war gesunde Ernährung. Er entpuppte sich als Diät-Diktator, der schlimmer war als jedes Model kurz vor der Fashion Week. Schick essen zu gehen, lehnte er kategorisch ab und tat, als hätte ich ihm eine Nase Koks angeboten. Allein der Gedanken an Gebratenes und Gesottenes ließ ihn förmlich ausrasten.

So war ich bereits aus seiner Auswahl, bevor wir auch nur einen Kaffee gemeinsam trinken konnten. Ich für mich stellte fest, dass ich nicht ohne Grund zu viel wog, und war das erste Mal in meinem Leben glücklich darüber.

Auch lernte ich online jemanden kennen, dem ich lieber den Hintern versohlen sollte, statt ihm freundlich-warme Worte zu sagen. Er wünschte sich die Demütigung par excellence. Die Liebe ging bei ihm nicht durch den Magen, sondern an der Leine. Ganz in Leder geknebelt und gefesselt, schnürte er nicht nur mich, sondern auch meine Leidenschaft gänzlich ein. Zumindest erkannte ich

meine Sanftmütigkeit und lernte über mich selbst, dass ich schüchterner war, als ich dachte.
Dann gab es da noch den Dominanten, der niemals fragte, was ich wollte, und von dem ich ständig nur hingekotzte Statements erhielt. Er gab jederzeit den Ton an und setzte die Daumenschrauben an, wenn man sich ihm widersetzte. Er tyrannisierte mich auf der Arbeit und zu Hause, er befahl mir am Morgen und am Abend, bis er endlich erkannte, dass er sich an mir die Zähne ausbiss. Dann bombardierte er mich mit schlechten Bewertungen und holte zum finalen Stoß aus, indem er in seinem Profil öffentlich über mich ablästerte. Natürlich schön hinter vorgehaltener Hand, damit man ihn nicht abmahnte.
Ich begriff, dass nicht jeder, der sich für einen Führer hält, in der Liebe die Oberhand hat und dass Dominanz innere Stärke und Selbstbewusstsein erfordert, die Beherrschung eines anderen oft aber nur von Unsicherheit und kindischer Unreife zeugt.
Ich gab ihm eins auf die Finger, lächelte und rauschte von dannen. Ich glaube, er hockt immer noch beleidigt in der Ecke und schmollt.

Ich lernte kleine Männer kennen, die auf sehr große Frauen standen, und fragte mich jedes Mal, warum sie es taten. Ich hatte dann Bilder vor Augen, wie ich mich zum Küssen herabbeugte, und fühlte mich wie die Mutter, die ihren Kindern von oben den Kopf tätschelt und sagt, dass alles wieder gut wird. Ich lernte Jungs kennen, die wirklich noch Jungs und keine Männer waren, und auch hier wurden stets meine Mutterinstinkte geweckt. Oder Männer, die zwar alt genug waren, sich aber wie kleine Jungs benahmen und mit mir Dinge tun wollten, über die man besser schweigt.
Ich lernte Mamasöhnchen, Bürohengste und Warmduscher kennen – und sie waren alle voll daneben im Leben. Ich wurde geliebt, gemocht, gehasst. Man bot mir Affären und Freundschaften

an und manchmal beides zusammen. Nur eines, das ergab sich nie: die wahre Liebe; die fand ich online nie. Doch draußen fand ich sie auch nicht.
Ich kam zu dem Resümee, dass sich die Liebe wohl eine Auszeit genommen, das Land und mich fluchtartig verlassen hatte und nun nicht mehr den Weg zurückfand.
Falls ihr der Liebe irgendwo begegnet, dann schickt sie zu mir. Kopfgeld wird geboten!!!

So oder so ...

Im Laufe eines Lebens lernt man ja viel. Am meisten über sich selbst. Ich müsste eigentlich total weise sein, wenn man bedenkt, was ich schon alles über mich erfahren habe. Das reicht für ein ganz langes Leben.

Da sagte der Freund zu mir, den ich mal hatte:
„Du bist so schüchtern, das kann ich gar nicht verstehen. Du mit deiner Größe und deinem Aussehen. Du bist immer so still und versteckst dich, komm doch mal aus dir raus. Du wirkst immer so, als hättest du 'nen Stock im Arsch, vielleicht sollte ich dir mal helfen. Komm, ich zeig dir die Welt.“
So heftete ich mich an seine Fersen, ging auf Partys, lernte neue Leute kennen, lernte, dass auch ICH sexy sein kann. Und so wurde aus mir … ein Partyluder.

Da sagte die Freundin, die jetzt 'ne Ex ist:
„Du bist viel zu groß, trag bloß nicht noch Absätze. Und viel zu dünn und viel zu blond. Herrgott, was soll'n die alle glauben, wenn ich mit DIR unterwegs bin? Dazu dein Lachen und dein Intellekt – zusammen geht das gar nicht. Also manchmal bist du mir richtig peinlich. So, wie du bist, so geht das nicht.“
Also machte ich mich kleiner, wurde dunkel und dumm. Stand ständig in ihrem Schatten. Und so wurde aus mir … ein Groupie.

Da sagte der Chef, der immer heimlich trank:
„Du bist viel zu langsam. Herrgott, komm in die Puschen. Und gib keine Widerworte, sonst gibt's 'ne Abmahnung. Hier hast du nur das zu machen, was ich dir sage – und immer recht freundlich,

ohne eigene Meinung. Wenn's dir nicht passt, dann kannste ja gehen, hinter jedem Sessel stehen schon weitere zehn."
So tat ich, was er von mir verlangte, ohne Ahnung und ohne Worte. Ich war ein Schatten meiner selbst, aber dafür immer schön angepasst. Und so wurde aus mir ... eine Marionette.

Da sagte der Mann zu mir, mit dem ich mal lebte:
„Also, irgendwie bist du so seltsam, scheinst nicht du selbst zu sein. Als wenn du ständig versuchen würdest, jemand anderer zu sein. Ich krieg das nicht zusammen, in dir drin steckt doch ein ganz anderer Mensch. Wäre schön, wenn ich den mal kennenlernen würde, vielleicht liebe ich dich dann noch mehr."
Und so wurde aus mir ... eine Exfrau.

Ausatmen!

Kennt ihr das auch? Wenn die Leute so furchtbar genervt sind? Wenn du die was fragst und die dann so genervt mit den Augen rollen? Und dann dieses Atmen?: „Hhhh ...“ Das heißt, Augen nach oben gerollt, dämlicher Gesichtsausdruck aufgesetzt und dann dieses laaange Ausatmen: „Hhhh …“ So als würden sie die Last der Welt auf ihren Schultern tragen – oder zumindest ein Heilmittel gegen Krebs erfinden.
Und du? Ja, duuu störst da jetzt einfach. Wie kannste dir das auch nur erlauben, die jetzt anzusprechen? „Hhhh ...“
Dabei machen die ja nix ... oder nix wirklich Wichtiges. Die störste höchstens beim Surfen auf Facebook oder beim Plausch mit der Freundin. Aber wie die dann immer tun … Hand auf den Hörer gelegt, Augenbrauen nach oben gezogen, atmen: „Hhhh ...“ Dann kommt dieses kurze, schnippische Ja? –da stehste dann dumm rum, dir fehlen die Worte und du fragst dich, warum du die überhaupt irgendwas fragen wolltest. Jemand, der in der Lage ist, sein Nichtstun so gekonnt in Szene zu setzen, von dem willste doch gar keine Antwort haben. Nicht mal auf die Frage nach dem nächsten Bäcker. Denn so einer, der wäre glatt in der Lage, dir vor lauter genervt sein, so rausgerissen aus seiner Lethargie ... ja, der würde dich vor lauter Wut glatt zum Friedhof schicken – und zwar zu dem am Rande der Stadt.

Ich frage mich dann immer, was die wohl machen, wenn die mal eine Frage haben und auf jemand wie sich selbst treffen. Also, wenn zwei völlig sinnentleerte Nichts-Wichtigtuer aufeinandertreffen. In der Mathematik ergibt ja Minus mal Minus Plus. Ist das im realen Leben eigentlich auch so? Springen die beiden dann fröhlich auf, strahlen sich an und werden Freunde? Oder paraly-

sieren die sich gegenseitig, bis einer sich auflöst, bis in sein kleinstes gemeinstes Teilchen? Also, ich habe nichts gegen Lösungen, doch chemisch wären sie mir in diesem Fall am liebsten.
Abgesehen von derartigen Auflösungen, möchte ich mich selbst eigentlich davon distanzieren. Ich bin ja der Meinung, dass Bösartigkeit genauso ansteckend ist wie ein Lächeln. Habt ihr das mal ausprobiert? Ist interessant. Geht mal durch die Stadt und lächelt den nächsten Besten an. Ihr wärt überrascht, wie oft die zurücklächeln.
Genau so funktioniert es auch mit Genervt-sein, oder Missmut. Wenn ich jemanden grundlos anblöke, dann ernte ich in der Regel auch einen dummen Spruch oder bekomme zumindest eine unfreundliche Antwort.
Ich versuche also, möglichst einen weiten Bogen um die negativen, sich verneinenden, fehlgeleiteten Menschen zu machen. Ich bin ja viel zu positiv dafür.
Wie war das in der Schule noch mal? Wenn positive Energie auf negative trifft? Zieht sich das nicht an? Zum Beispiel wie beim Magneten! Da ziehen sich die Gegenteile an und die gleichen Teile stoßen sich ab. Ist es also kein Wunder, dass gerade mir so viele negativen Menschen begegnen? Ziehe ich die mit meiner positiven Ader etwa an? Und wenn ja, was kann ich dagegen tun? Bleibt mir dann nur noch die Wahl, selbst negativ zu werden? Aber wie funktioniert eigentlich so eine Umpolung? Muss ich nur lange genug in der Nähe von frustrierten Ausatmern sein, um selbst ein gekonnt-gelangweilter Augenroller zu werden? Ist deren Negativismus stärker als meine positive Wahrnehmung? Oder hauen die mir einfach nur ihre verbale Verneinung um die Ohren, so lange, bis ich nicht mehr klar geradeaus denken kann?!
„Hhhh ...“ Da, fängt schon an!
Wisst ihr, wie ein Nichts-Wichtigtuer auf ernsthaften und handfesten Stress reagiert? Der dreht vollends durch. Zu seinem gewohnten Augenrollen-Augenbrauenhochziehen-Ausatmen kommt

das fahrige Durch-die-Haare-fahren, gefolgt von kurzen, unwirschen Wortfetzen wie „Nicht jetzt!“, „Was willst du?“ oder „Hast du noch alle Latten aufm Zaun?“.
Mich amüsiert das dann köstlich. Das ist fast wie Brehms Tierleben. Eine zoologische Abhandlung von „Das wäre fast ein Mensch geworden“ … doch leider, leider nur ein Ausatmer!

Was lernen wir also daraus? Gleich und Gleich gesellt sich leider nicht immer. Fragen können einem auch bei Wikipedia unkompliziert und vor allem gefahrenfrei beantwortet werden. Und: Ausatmen wird oft überschätzt!

Arm ab, Bein ab, Auge raus

Ich hatte früher immer so eine gruselige Vorstellung davon, was mir auf der Bühne passieren würde. Mir würde bestimmt was Schlimmes passieren. Ich bekäme plötzlich einen Herzinfarkt, würde umkippen und wäre tot. Nachdem ich es gewagt hatte, fühlte sich mein Herz tatsächlich an wie Claudis alter Käfer. Es wummerte und tuckerte, hatte gelegentliche Aussetzer, und ich wartete jeden Moment auf den lauten Knall. Zack – tot!
Man könnte jetzt meinen, ich sei eine Pessimistin. Bin ich auch! Wie gesagt, ich warte immer darauf, dass was Schlimmes passiert. Ich male mir das dann in den schillerndsten Farben aus und gehe richtig darin auf, mir Horrorszenarien vorzustellen. Arm ab, Bein ab, Auge raus. Und wenn dann nix passiert, bin ich fast enttäuscht.
Obwohl mir ja diese ewigen Schwarzseher gehörig auf den Sender gehen ... Die verbreiten immer so eine miese Stimmung. Ich hingegen bin in meinem Pessimismus einfach fröhlich. Ich reiße andere gleich mit, ich bin sozusagen eine Pessimismuskanone. Dabei mache ich dann alle um mich herum so richtig wuschig, bis die total nervös, selbst schon unruhig gespannt auf das warten, was ja sowieso nicht kommt. Tja, und diejenigen, die bei meiner Negativparty nicht mitmachen wollen, die schwitze ich einfach voll – so echt ... von oben bis unten.
Wer mal neben mir im Flugzeug gesessen hat, der weiß, wovon ich rede. Also, ich bin ja eine totale Flugschisserin. Mich kriegt man nur in so ein Ding, wenn ich richtig besoffen bin. Hacken voraus. Und wehe, wehe, ich sitze neben einem Unbekannten. Das geht gar nicht. Ich habe das schon erlebt. Da wollten die mich und meine Begleitung auseinandersetzen. Das heißt, der Gang war zwischen uns. Die Panik kann sich keiner vorstellen. Also, erst

kam das Schwitzen, danach die Atemnot und dann die Wut. Und wenn ich mal so richtig in Rage bin, kann das übel enden. Das fand die Stewardess auch. Nach langem Hin und Her wollte die mich echt aus dem Flugzeug entfernen lassen. Da hat sich dann aber einer doch erbarmt und sich für mich umgesetzt. Mist, der war dann im gleichen Hotel wie wir. Jeden Morgen am Buffet dieses Zickzack-ich-seh-dich-nicht-aber-schäm-mich-trotzdem-Gefühl. Toll!

Also, ich sitze nun endlich auf dem freigewordenen Platz und es geht schon wieder los. Der Pessimismusteufel in meinem Kopf redet mir ein, dass dieses tonnenschwere Ungetüm bestimmt abstürzen wird, und das Letzte, woran ich denke, ist, wie ich eingekeilt zwischen Klapptischchen und Erfrischungswagen, umgeben von schreienden Kindern, umhüllt von einer Wolke aus Fußgeruch und Sonnencremeduft, dass ich auf dem falschen Platz sitze und mich keine Sau identifizieren kann.

Tja, und neulich ist mir erst mal aufgegangen, dass ich gar nichts für meinen Pessimismus kann. Das ist bei mir erblich bedingt. Das ist sozusagen in meiner Genetik verankert.

Da sitze ich ausnahmsweise mal relativ relaxt bei Kaffee und Kuchen bei meiner Mutter und plötzlich höre ich einen laues Fluchen aus der Küche. Der Hund und ich sind fast vom Sofa gekippt und sofort hingerannt. Da steht Muttern total aufgelöst, hat sämtliche Schubladen aufgezogen, klappt Türen auf und zu und ist am Fluchen.

„Mama, was ist denn?“, frage ich.

Da antwortet sie völlig außer sich: „Ich finde das Pittermesser nicht. Ich glaube, das habe ich weggeschmissen. So ein Mist aber auch. Aber so was schmeiße ich doch nicht weg, oder?“

Ich fasse mich an den Kopf, kann es gar nicht glauben, was sie da redet.

„Und dafür machst du so einen Alarm?“

Aber sie hört mir gar nicht zu, ist jetzt schon fast ekstatisch bei der Suche nach dem verflixten Messer, und ich kann ihren Puls bis hierher fühlen.
„Das ist doch nur ein blödes Messer, das war doch nicht teuer, ist doch egal“, versuche ich sie zu beruhigen.
„Waaas?!“, schreit sie mir ins Ohr, obwohl ich direkt neben ihr stehe. „Das brauche ich aber jetzt. Moment mal ... was habe ich damit zuletzt geschnitten?“

Nun tapert sie durch die Küche, öffnet den Kühlschrank, schaut hinein, öffnet den Mülleimer, schaut hinein, und beginnt tatsächlich, darin rumzuwühlen. Ich kriege währenddessen „die Krise“ und versuche, sie davon abzuhalten. Aber wie alte Menschen nun mal sind, lässt sie sich nicht beirren. Altersstarrsinn vermutlich! Als sie die Küche Richtung Schlafzimmer verlassen will, platzt mir der Kragen. Ich packe sie am Arm und halte sie auf.
„Jetzt reicht es aber. Was sollte ein Messer wohl im Schlafzimmer machen? Papa ist doch schon lange tot.“
Ihre Augen sehen verzweifelt aus und ICH kann den ganzen Aufstand gar nicht verstehen.
Leise sagt sie mit letztem Widerstand: „Vielleicht bin ich ja schon so senil und habe das Messer aus Versehen in den Kleiderschrank gelegt! Oder der Apfel, den ich die Tage im Bett gegessen habe ... Wo hatte ich den noch mal geschält? Nicht, dass ich mich hinterher noch auf das Messer lege und mich verletze. Wenn ich dann hier so alleine ... mich findet ja keiner sofort. Und was macht dann der Hund?“

Ich konnte ihr ihre Gedanken ansehen. Wie ein Film, der vor ihrem inneren Auge ablief: Das, was sie sah, war ein Horrorstreifen. War ich etwa auch so?
Ich glaube, das war der letzte Tag, an dem ich mich unnötig aufgeregt, die Kleinigkeiten des Lebens schwarzgesehen habe. Ich

habe mich mit meinem Pessimismus ausgesöhnt und ER hat mir versprochen, mich nur noch selten zu besuchen – nur noch bei solchen Sachen wie Fliegen ...

Die Sache mit den Bärten

Mal ehrlich, was soll das eigentlich? Dieser Trend mit den Bärten, der sich nun schon zwei Jahre oder länger hält … Dicke, zottelige Rauschebärte von Ohr zu Ohr? Wer hat das bloß initiiert? Eine Frau hat diesen Trend sicher nicht gesetzt. Welche Frau steht bitte auf diese knisternden, mit Essensresten besetzten Haarteppiche im Gesicht? Wer will da noch küssen? Das kratzt und müffelt und kitzelt an Stellen, die hier besser ungenannt bleiben. Das soll männlich wirken, sagte mir neulich eine Freundin. Ich fragte mich sofort, ob Mann tatsächlich Bart braucht, um männlich zu sein. Dann dachte ich unweigerlich an die Männer in meinem Leben, die bis auf eine einzige Ausnahme bartlos waren. Der eine mit hatte nur so einen coolen schmalen Rapperbart – und das war schon schlimm genug.

In den letzten Jahren haben die Männer, was Körperpflege betrifft, einen wahren Quantensprung vollzogen. Manch einer braucht mittlerweile länger als eine Frau im Bad. Es wurden Cremes gegen Falten und müdes Aussehen speziell für Männer gemacht und Haarwuchsshampoos mit und ohne Farbe kreiert. Es gab tausende von tollen Herrendüften und Mann benutzt sie sogar. Zwischen all dem Glanz und Gloria gibt es nun plötzlich auch noch diese Bärte! Und nicht nur so ein paar stylische Flusen, wie David Beckham sie trägt.
Nein, wir reden hier von Ayatollah-Khomeini-Bärten.
Ich las letztens sogar in einer Zeitschrift, dass ein paar Jungs aus Übersee diesen Trend nun auf die Spitze treiben und ihre vermaledeiten Bärte sogar schmücken. Mit allem möglichen Zeugs. Zu Weihnachten sogar mit kleinen Kugeln und so. Als ich meinen Weihnachtsbaum schmücken wollte, konnte ich kein Lametta anfassen! Früher durfte man nicht mal grün mit blau kombinieren,

aber heute darf man Bärte so einfärben? Was ist nur aus unserer Welt geworden? Ich plädiere für glatte Männergesichter, die weich wie ein Babypopos sind – und wo küssen nicht zur Gefahrenzone wird.

Gute Vorsätze

2024! Endlich!!! Jeder kennt das Gefühl an Silvester. Im neuen Jahr wird alles anders, alles wird besser. Neues Jahr, neues Glück. Ich freue mich immer auf den Jahresabschluss. Ich habe dann das Gefühl, als würde alles Alte gelöscht, ich könnte alles, was nicht so rund lief, meine Sünden zurücklassen. Mein Leben würde resettet und ich dürfte wieder von vorne beginnen. Manches Mal fühlt es sich tatsächlich auch so an, als würde ich jedes neue Jahr von vorne beginnen. Ewig auf der Suche nach dem Glück, dem ich rastlos hinterherhetze und meistens nur von hinten sehe. Winkend rufe ich dem Glück hinterher, dass es doch bitte stehen bleiben möge, damit ich es einholen kann. Es ist jedoch immer schneller als ich. Irgendwann wird es mir in den Allerwertesten beißen ... Näher werde ich ihm jedenfalls nie kommen, befürchte ich.

Jedes Neujahr fühle ich mich also frisch wie ein Baby-Popo und strahle auch so. Das ist die Zeit für die guten Vorsätze, an deren Umsetzung ich mich gleich mache ... bis circa Mitte Januar. Dann komme ich zu dem Entschluss, dass es keinen Sinn macht, mich weiter mit Diäten zu kasteien, da ich niemals mehr zur alten Form zurückfinden werde und eine neue, größere Jeans sicher auch seine Wirkung tut.

Noch sind einige Vorhaben nicht ganz gestorben. So bin ich immer noch frohen Mutes, was „die ganz große Liebe“ angeht und den Lottogewinn. Fleißig schmeiße ich mein Geld aus dem Fenster und gönne mir Woche für Woche den kurzen Augenblick, das Kribbeln, bevor man auch die letzte Zahl kontrolliert hat, nur um festzustellen, dass man wieder nicht gewonnen hat. Der ganz großen Liebe begegne ich häufiger beim Hinterherhechten des Glücks, kann aber nichts ausrichten, da mir dafür die Luft fehlt.

Spätestens dann verfluche ich, dass ich eines Tages schlauer wurde und Sport gänzlich von meiner To-Do-Liste strich. Manchmal ist es einfach besser, sich von manchen Vorhaben zu trennen, bevor sie einen gänzlich demoralisieren. Also bleibt mir meistens nichts anderes übrig, als der ganz großen Liebe von weitem zuzuwinken und weiterzurennen. Kein Wunder, dass sie mich nie einholt, bei dem hochroten Kopf. Der scheint sowieso zu machen, was er will. Widerwillige Gedanken machen sich darin breit und flüstern mir zu, dass das Ganze mit den guten Vorsätzen doch wirklich zu lächerlich ist und ich es gleich sein lassen sollte.

Aber der Glaube, dass dieses Jahr MEIN Jahr wird, ist zu diesem Zeitpunkt noch zu groß und drängt die schlechten Gedanken wieder zurück. Bis, ja, bis auch der letzten Faser in mir klar ist, dass das mit dem Erreichen der Vorsätze auch in diesem Jahr nix wird. Das ist dann im Mai. Den Rest des Jahres mache ich weiter wie immer. Bis September habe ich noch ein schlechtes Gewissen, was ich mit den üblichen Sünden zu vergessen versuche. Aber spätestens wenn es draußen kalt wird, habe ich mein Gewissen eingemottet. Das brauche ich ja eh erst wieder an Silvester, wo es abgestaubt und poliert wieder zum Einsatz kommt.
2025... ja, 2025 wird ganz bestimmt MEIN Jahr!

Nachricht vom Ex

Ich habe mal über meine Exe nachgedacht, wie es ihnen wohl geht und wie es ihnen wohl ohne mich geht. Das fühlte sich ganz komisch an, nicht einordbar. Stein des Anstoßes war eine zufällige Internet-Begegnung mit dem Ex-Ex. Also dem Ex vor dem Ex. Einer jener Exe, die verglichen mit anderen einer der angenehmeren war. Es war eigentlich keine sehr rein zufällige Begegnung, denn ich hatte ihn gegoogelt. Warum, konnte ich bereits zwei Sekunden, nachdem ich ihn gefunden hatte, nicht mehr sagen. Vielleicht fühlte ich mich gerade in diesem Moment etwas einsam? Oder hatte beim Blick in den Spiegel feststellen müssen, dass ich nicht mehr so aussah, wie ich mal ausgesehen hatte.
Ich war fast ein wenig erschrocken, als ich sein Profil im Netz fand. Kein Foto, aber jede Menge Text war da zu finden. Beim Durchblättern der vielen Texte über Sport, also Fußball, und Events, also Alkoholexzesse, fand ich auch einen Text über mich.
Ich muss gestehen, es zog mir kurz den Boden unter den Füßen weg. Da stand wirklich etwas über mich, zwischen all den hartgesottenen, durch und durch männlichen Texten. Ich dachte zunächst, dass der Titel doch etwas verdächtig nach mir klang und begann zu lesen. Und Tatsache, es ging um unser Kennenlernen! Ich konnte die Wehmut zwischen jeder einzelnen Zeile und auch meine eigene spüren. War er nicht eigentlich ein ganz anderer gewesen, damals als wir noch zusammen waren? Ein Mann ohne Ambitionen, der zu viel trank, nur Unsinn machte und oft nicht bei der Wahrheit blieb. Ein Mann, der mich sehr geliebt hatte, den ich aber irgendwann nicht mehr lieben konnte. Er, der so lange um mich gekämpft hatte, nachdem ich den Kampf um ihn aufgegeben hatte. Eine Liebe, die verzweifelt nach etwas suchte und nicht finden konnte. Nun las ich hier seine Sicht der Dinge. Etwas,

über das er früher niemals gesprochen hatte, konnte ich nun schwarz auf weiß und vor allem öffentlich nachlesen. Ohne, dass es peinlich war, stand dort in den wenigen Zeilen unsere vergangene Liebe.
DAS hätte ich niemals von ihm erwartet. Weder den Mut noch diese Gedanken an sich. Ich driftete ab, versank in Erinnerungen und fühlte mich seltsam berührt. Ich konnte es mir natürlich nicht nehmen lassen, einen kurzen Kommentar zu hinterlassen.
„Ich erinnere mich gerne", schrieb ich und dann löste ich mich von der Vergangenheit mit der Erkenntnis, dass nicht jeder Ex das totale Grauen ist. Wenn ich mich mal wieder einsam fühle, dann werde ich seine Texte noch mal besuchen.

Tarnen und täuschen

Frauen sind auch nicht anders als Männer. Das muss ich jetzt leider mal ganz deutlich sagen. Ein guter Bekannter, seit Jahren Single und ständig auf der Suche nach der letzten großen Liebe, sagte mir neulich, dass er aufgegeben hätte. Er fühle sich einfach zu ausgelaugt, um weiter dem Glück hinterherzujagen.
Das wunderte mich derart, da ich ihn nie anders kennengelernt hatte. Ich kannte ihn nur als Sammler und Jäger. Ich hatte vor langer Zeit aufgehört, mir die Namen seiner Angebeteten zu merken, da diese ständig wechselten, und hörte auch nur noch mit halbem Ohr hin, wenn er mir von seinen sexuellen Eskapaden berichtete. Stets nickte ich nur abwesend, denn dafür sind Freunde ja schließlich da. Doch jetzt wurde ich hellhörig.
„Wie, aufgegeben?“, hakte ich nach und mir wurde komisch.
Wenn ER schon aufgegeben hatte, was war dann mit mir? Schließlich war ich die Mutlose von uns beiden.
Doch er sah mich aus müden, leeren Augen an und winkte nur ab. Er habe die Schnauze von den Weibern voll. Die wüssten eh nie, was sie wollten, wären intrigant und manipulativ. Er wäre immer wieder auf die Fresse gefallen und sei es nun leid, immer wieder aufzustehen und von vorne zu beginnen.
„Und was ist mit dem Sex?“, wollte ich aufgeregt wissen.
Er schnappte sich sein Bier und grummelte nur zwischen zwei tiefen Zügen, dass er ja schließlich auch nicht jünger würde. Na ja, da gebe es immer noch die eine oder andere, die auch niemals fragten und auch nix wollten. Die er zwar auch nicht so richtig wolle, die aber ihren Zweck erfüllten.
Ich sah in ein bisschen angeekelt an, wie er so über diese Frauen sprach. Aber dann schüttelte ich den Gedanken ab, weil ich mir

sagte, dass sie es sich ja anscheinend so ausgesucht hatten. Jedem das Seine, sagte man ja.
„Warum sind Frauen denn alle intrigant und manipulativ?“, wollte ich dann von ihm wissen.
Er sah mich fragend an, so, als wäre er überrascht, diese Frage ausgerechnet aus meinem Munde zu hören. Als ich nichts auf seinen Blick erwiderte, sagte er nur: „Weil ihr alle lügt und uns dann auch noch dafür verantwortlich macht.“
„Pfff ...“, machte ich, „das stimmt ja wohl mal gar nicht. Schließlich kann man ja nicht alle Frauen über einen Kamm scheren.“
„Doch, doch“, erwiderte er. Als ich meine Fäuste in die Seiten stemmte und ihn erbost ansah, ließ er sich zu einer Erklärung herab: „Neulich erst habe ich eine Frau gedatet, die ich aus dem Internet kannte. Sie sah toll auf ihren Bildern aus. So haben wir ein bisschen gechattet. Die war auch nett und so. Dann hab´ ich sie gefragt, ob wir mal einen Kaffee trinken gehen. Da fing schon alles an. Plötzlich war sie ganz anders als sonst. Ließ sich bitten und mich betteln. War plötzlich ständig beschäftigt und hatte keine Zeit, egal, wann ich fragte. Als ich schon keinen Bock mehr hatte und nichts mehr schrieb, sagte sie mir plötzlich zu. Am Tag der Verabredung kam ich zum Treffpunkt, doch weit und breit nicht die Frau, die ich erwartete. Stattdessen stand da so 'ne kleine Dicke mit fettigem Haar und 'ner Hornbrille und grinste mich breit an. Ich hab´ das erst gar nicht gecheckt ... Die meinte mich! Weil die aber so breit grinste und sonst keine kam, hab´ ich sie gefragt, ob sie diejenige sei. Dann nickte das Erdferkel. Ich fiel fast aus meinen Socken. ‚Du siehst aber ganz anders aus, als auf den Fotos.‘ Da ist die dunkelrot angelaufen und hat gestammelt, dass das Bilder von ihrer Cousine seien. Die sähe halt besser aus. Und dass ich ja sonst auch nicht gekommen wäre, wenn ich gewusst hätte, wie sie wirklich aussähe. ‚Jau!‘, hab ich gesagt und ihr 'nen Vogel gezeigt. Ob sie mich verarschen wolle? Da ist die abgegangen: ...was ich für ein frauenfeindlicher Arsch sei ...

schließlich sei sie ja immer noch der gleiche Mensch …! ‚Nee', hab ich gesagt, ‚das biste eben nicht. Du bist ein kleines, fettes Feministinnen-Ferkel, das hier frech rumgelogen hat.' Sorry, das musste einfach raus. Da hat das kleine Ferkel wütend mit dem Fuß aufgestampft und geschrien, dass sie sich für so einen ignoranten Mistkerl wie mich auch noch extra hübsch gemacht hatte. Echt, das hat die wirklich gesagt. Ich hab´ nur mit dem Kopf geschüttelt und gemeint, dass ich ja schließlich auch nicht mit fünfundzwanzig Zentimetern prahle und dann hinterher nur ein Cocktailwürstchen zu bieten hätte. Ich bin dann abgedampft und habe mich den ganzen Weg gefragt, ob ich tatsächlich ignorant bin. Schließlich war sie tatsächlich der gleiche Mensch, mit dem ich geschrieben hatte. Nur eben nicht in der richtigen Verpackung. Sie hatte es tatsächlich geschafft, mir ein schlechtes Gewissen zu machen."

Okay, ich räumte ein, dass es eben doch ein paar ganz besondere Exemplare meiner Gattung gab. Irgendwie machte mir seine Story sogar Mut. Mir wurde klar, dass Männer mit den gleichen Problemen kämpften wie wir Frauen und dass wir Frauen anscheinend dazu gelernt hatten, was Tarnung und Täuschung anbelangte, und wir uns in Sachen Verschlagenheit nun mit den Männern messen konnten. Wenn es nicht so eine traurige Erkenntnis gewesen wäre, hätte mich dieser Gedanke echt erfreut. Also haute ich meinem Bekannten nur auf die Schulter und sagte: „Kopf hoch, Alter, so ist das Leben", in bester Männer-Manier.

Dumme Pute

Als ich neulich mit Freunden aus war und so völlig bester Laune und naja, auch etwas betrunken, kam ich auf die glorreiche Idee, ein Foto von uns zu schießen. Nach kurzer Begutachtung lud ich es enthusiastisch hoch, und Minuten später verschwendete ich keinen Gedanken mehr daran. Bis, ja, bis ich am nächsten Morgen mit einem Kater erwachte, weil das blöde Handy dauernd summte. Facebookblau blinkte das Handy vor sich hin und ich war ehrlich gesagt zu neugierig, als mich einfach umzudrehen und mich zu entkartern. Mechanisch drückte ich die Knöpfe und durch verklebte Augen schaute ich auf das, was anscheinend nicht warten konnte. Erst dachte ich noch, ich würde immer noch schlafen, dann, dass der Kater doch erheblichere Schäden hinterlassen hatte, als ich zunächst annahm. Ich setzte mich auf, rieb mir zur Sicherheit noch einmal den Schlaf aus den Augen und fing im nächsten Moment an zu heulen. Wann war ich eigentlich zur Eule mutiert? Ein schielender Vogel lachte mir entgegen und schlimmer noch, meine Mundwinkel hingen auf halb acht, was mich zutiefst debil aussehen ließ. Ich kann gar nicht ausdrücken, wie schlimm ich auf dem Foto wirklich aussah.

Aber das allerschlimmste war, dass es bereits der halbe online Freundeskreis geliked hatte. Mochten die mich nicht mehr, oder gehörte offensichtliche Verarsche plötzlich zum guten Ton? Hätte ich das Foto nun entfernt, würden sicher alle denken, dass mir das "Besoffski"-Bild zu peinlich sei und ich nicht zu meinem Lebenswandel stehen konnte. Schweren Herzens ließ ich es also im Status, nicht ohne mich dafür in Grund und Boden zu schämen und mir auf ewig zu schwören, niemals wieder Fotos des Nachts und/oder angeheitert, egal wie gut drauf ich sei und egal wie mega cool ich mich in dem Moment fand, irgendwo zu posten.

Das Bilddesaster hinterließ seine Spuren. In den folgenden Tagen betrachtete ich mich immer wieder eingehend im Spiegel und stellte dabei folgendes fest:

Ich habe zugenommen!

Außerdem hatte ich so etwas ähnliches wie ein Doppelkinn bekommen. Aber es handelte sich bei mir nicht um ein schnödes, angefuttertes Doppelkinn …neeein … mir war oberhalb des Halses ein Winkeärmchen gewachsen. Eine zitternde Partie, die mich im ungünstigen Neigungswinkel stark an eine Pute erinnerte. Immer wieder musste ich das Schwabbeln im Spiegel begutachten. Ich verachtete mich und brach in Panik aus. Niiiie wieder könnte ich draußen in der Welt meinen Kopf schütteln. Was im Umkehrschluss hieß, dass ich nie wieder vehement NEIN sagen konnte. Und das in meiner Situation!
Ich sah mich schon hilflos mit irgendwelchen hergelaufen Typen im Bett liegen, nur weil ich zu eitel war, wenn mich so einer fragte: „Ey, willste Sex?"
Ein Kopfschütteln wäre ja nicht drin gewesen und ein verbales Nein reicht ja oft bei manchen nicht. Und wie doof das aussähe, wenn ich einfach stattdessen nickte und mit fester Stimme sagte: Geh weg oder ich hau dich gleich!
Unglaubwürdig bis ins Mark!
Was also tun? Abnehmen wäre eine Option, sicherlich. Aber ab einem gewissen Alter verweigert sich das Bindegewebe genauso wie der Sexappeal. Und was wäre noch schlimmer als ein Winkeärmchen unterm Kinn? Ein Hautfähnchen, das im Winde flattert und aussieht, als hätte ich schon die weiße Fahne gehisst!
Ab sofort heißt es, Kopf hoch, Krönchen richten und bloß nicht den falschen Typen begegnen!

Schreiben

Ich schreibe! Und Schreiber werden ja öfters mal irgendwo eingeladen, um das, was sie geschrieben haben, vorzutragen. Aber mit dem Schreiben ist das so eine Sache. Also, ich kann mich nicht einfach hinsetzen und … na, eben einfach losschreiben. Ich bin so eine Aus-dem-Bauch-heraus-Schreiberin. Wenn mein Bauch nicht in Stimmung ist, ist's eben mit dem Schreiben auch Essig. Ich starre dann aufs weiße Blatt oder vielmehr auf das weiße Dokument im Notebook. So, als könnte mir das irgendwas erzählen, als würde sich das von alleine füllen. Irgendwann flimmert es mir vor Augen, vor lauter Starren. Vom Weiß hypnotisiert, befehle ich meinem Hirn, endlich mit dem Denken zu beginnen. Denn mit dem Denken beginnt ja alles. Aber wenn der Bauch nicht will, dann will das Hirn auch nicht. Das macht dann komische Sachen. Das denkt einfach so vor sich hin, aber nicht dahin, wohin ich will. Es denkt dann an so Sachen wie Lachs in Sahnesoße. Hmmm, lecker ... Könnte ich auch mal wieder kochen. Oder an die letzte Nebenkostenabrechnung, die erstaunlich hoch gewesen war, obwohl wir doch so einen lauen Winter hatten und ich die Heizung ... *Lass das jetzt!*, befehle ich dem Hirn, und für einen kurzen Moment ist auch Ruhe und das Starren beginnt von vorne. Ich mach mir dann Musik an, in der Hoffnung, das könnte meinem Bauch gefallen. Aber: Pustekuchen! Die Musik beeindruckt den kein bisschen, dafür setzen sich unter dem Schreibtisch meine Füße in Bewegung. Ich versuche, das dann zu kontrollieren, aber mit ausgeschaltetem Hirn funktioniert das nicht wirklich. Also Hirn an, Gedanken frei ... yeeah ...! Die drei machen jetzt Party. Irgendwann schalte ich die Musik aus und warte darauf, dass das aufhört. Tut es auch. Die Gedanken an Lachs in Sahnesoße haben nun leider meinen Magen erreicht, der lauthals knurrt. Ich versuche das eine Zeit lang zu ignorieren, gebe dann aber auf. Gegen Hunger bin ich machtlos. Aber vielleicht schreibt es sich mit vollem Magen ja viel einfacher. Kühlschrank auf: nix drin außer Wurst und ein paar alten Pellkartoffeln. So eine Scheibe Wurst auf der Hand ist zwar kein Lachs, aber trotzdem lecker, und als Bestechung für meinen Magen reicht's. Zurück am Schreibtisch erwartet mich das weiße Blatt. Es lacht mich an. Oder lacht es mich sogar aus? Es scheint mich zu verhöhnen. Tja, so ist das eben mit dem Schreiben – oder vielmehr mit dem NICHT-Schreiben. Vielleicht sollte ich mir erst einmal ein Thema aussuchen, über das ich schreiben möchte. Hirn zermartert sich. Bauch ist unbekümmert, da halbwegs satt. Aber es muss doch möglich sein, irgendetwas zu schreiben, und vor lauter Verzweiflung tippe ich das Datum ein und das Wort „THEMA“, dahinter einen Doppelpunkt. Das ist wenigstens schon mal ein Anfang. Das Hirn zermartert sich weiter. Ohne Erfolg. Dann denkt das Hirn, dass es vielleicht mit ein bisschen Frischluft viel besser denken kann, und fordert einen Spaziergang um den Block.

Ich würde alles tun, damit das Schreiben vorangeht und schnappe mir meine Jacke. Wir machen uns auf, marschieren fast gedankenfrei, dafür aber mit tiefen Zügen Frischluft einatmend, um den Block. Wir treffen unterwegs so diesen und jenen und quatschen über Belangloses, weil das Hirn auch hier streikt und nicht so recht in Wallung kommt.

Vielleicht werde ich ja krank, denke ich und das Hirn nickt sozusagen innerlich. Als mir das auffällt, frage ich mich, ob ich wohl schizophren werde, weil ich mich mit und über mein Hirn unterhalte, versuche aber, den Gedanken schnell abzuschütteln. Das führt ja auch zu nix. Wenn ich schizophren wäre, würde weder mir noch dem Hirn das vermutlich auffallen. Dann denke ich, dass das doch ein schönes Thema wäre, über das ich mal schreiben könnte. Wie es wohl ist, schizophren zu sein und mit sich und anderen unter einer Haut zu wohnen. Aber irgendwie macht mir das Thema Angst, und ich beschließe, lieber nach Hause zu gehen und es für heute gut sein zu lassen. Wenn ich demnächst wieder irgendwo eingeladen bin, um etwas das ich geschrieben habe, vorzutragen, dann kann ich ja lieber etwas darüber erzählen, wie schwierig es ist zu schreiben!

Danke!

Das Leben hat sich verändert, vielleicht ist es Zeit, einmal innezuhalten und Danke zu sagen! Denn auch wenn jeder von uns meint, er wäre dankbar und würde eben jenes bedeutende Wort an angebrachter Stelle aussprechen, so bleiben viele kleine Dinge ungewürdigt. Natürlich bedanke ich mich im Stillen, dass der liebe Gott mich jeden Tag wieder aufwachen lässt. Natürlich bin ich der Freundin dankbar, die mich ins Krankenhaus fährt und die meine zitternde Hand bis vor den OP-Saal hält. Ganz klar bedanke ich mich brav für jedes Türaufhalten, Vorbeilassen, Vorlassen und für alles, was ich von anderen bekomme. Für den Geldschein, den die Tante mir nach der Einladung zum Essen heimlich in die Tasche steckt, damit „das Kind" nicht in Geldnot gerät. Für die Begleitung zum Tierarzt, wenn es keine Hoffnung mehr gibt und für das Loch in der Erde, dass ich anschließend nicht alleine buddeln muss. Für die wortlosen Schulterklopfer und herzlichen Umarmungen nach schlimmen Nachrichten. Für das Öhrchen am Telefon, das sich immer wieder Zeit für mich nimmt. Für eine Einladung auf die Couch, wenn ich es bitter nötig habe. Für die Begleitung zur letzten Begleitung und für den stillen Gruß zuletzt. Für den Applaus nach meinen Geschichten und für jedes nette Wort.
Aber ich möchte auch Danke sagen, für die Opfer, die meine Eltern aufbrachten und die ich nie sah. Für die schlimmen Verletzungen, die andere manchmal meinem Herz antaten und die mich dadurch stets nach vorne brachten. Die mich zwangen, mein Leben zu sortieren und mich noch einmal neu zu erfinden. Für die Enttäuschungen, die meinen Fokus richteten und mir neue Blickwinkel eröffneten. Für all das Scheitern und die Chance für einen Neubeginn. Für all das Vertrauen, den Glauben und die Zuversicht, die mir Menschen schenkten, von denen ich es nicht erwar-

tet hätte. Ich bedanke mich für die Erfahrungen, die ich im Laufe meines Lebens machen durfte und für die Erkenntnisse, die ich daraus zog und die mich zu dem Menschen machten, der ich heute bin.

Zu guter Letzt bedanke ich mich für all die Liebe, die ich in all ihren Facetten erhielt und die nie danach fragte, wie viel sie dafür zurückbekam.

Ich bedanke mich bei:

All meinen Freunden, die mich stets unterstützt haben und so zahlreich zu meinen Lesungen gekommen sind.
Bei Thomas Roppel für seine liebevollen Korrekturen und sein Öhrchen, das er mir in mancher Nacht geliehen hat.
Bei Micha für das tolle Cover und bei meinen Ex(en) für die eine oder andere Inspiration!
Bei meiner Zweitmutter, für die vielen aufmunternden Worte und natürlich ganz besonders bei meiner Mama, für die vielen Stunden des Zuhörens, ihre Geduld und ihre bedingungslose Liebe! Ihr habe ich dieses Buch gewidmet.

Über die Autorin:

Angelika Christiani:

Die gelernte Kauffrau aus Gelsenkirchen hat eigentlich immer schon geschrieben, aber erst 2013 gab sie ihr Debüt beim Poetry Slam.

Doch sehr schnell war klar, dass sie eine Erzählerin ist.
Fortan schrieb sie für die Lesebühne, veranstaltete regelmäßig ein Tresenlesen namens „Mädelsabend“ in Gelsenkirchen.

All ihre bisherigen Texte gibt es nun in diesem Buch zu lesen. Und es kommen stetig neue hinzu. Vielleicht liest sie demnächst auch mal in Ihrer Stadt.

Infos finden Sie dazu auf Facebook:
https://www.facebook.com/Angie´s.Buch

Weitere Hinweise gibt es auf:
www.verlag-epv.de oder auf:
www.angelika-christiani.de